또 하나의 가족

반려동물

사진출처

셔터스톡_ 102p / 그린피스의 환경 감시선(ChameleonsEye), 1600 판다+의 세계 여행 프로젝트(Lek Changply) 123p / 아쿠아리스트(S-F) 127p / 펫샵(Marco Saroldi)

연합뉴스_ 29p / 펫샵 59p / 조류 독감에 걸린 가축을 땅에 묻는 모습 63p / 동경이, 풍산개 66p / 래브라도레트리버, 셰퍼드, 블러드하운드 78p / 돌고래 제돌이와 춘삼이 80p / 악어 가죽 제품, 돌고래 잡이, 동물 실험, 모피 제품 등에 반대하는 운동 95p / 외래종 물고기, 외래종 식물을 제거하는 모습 99p / 소백산에 방사 중인 여우, 다친 여우 치료 장면 103p / 개 식용 반대 운동, 동물 공연 반대 운동 115p / 오랑우탄을 관찰 중인 제인 구달, 연설 중인 제인 구달 122p / 제인 구달과 침팬지 125p / 야생 동물 재활사, 강아지 공장

위키피디아_ 97p / 긴칼뿔오릭스(Albinfo), 바다수달(Sakura1994) 116p / 에드워드 윌슨(Jim Harrison)

또 하나의 가족 반려동물

ⓒ 한영식 최해영, 2016

1판 1쇄 발행 2016년 11월 18일 | **1판 7쇄 발행** 2023년 5월 15일

글 한영식 | **그림** 최해영 | **감수** 서울과학교사모임
펴낸이 권준구 | **펴낸곳** (주)지학사
본부장 황홍규 | **편집장** 김지영 | **편집** 박보영 이지연 | **디자인** 이혜리
마케팅 송성만 손정빈 윤술옥 박주현 | **제작** 김현정 이진형 강석준 오지형
등록 2010년 1월 29일(제313-2010-24호) | **주소** 서울시 마포구 신촌로6길 5
전화 02.330.5263 | **팩스** 02.3141.4488 | **이메일** arbolbooks@jihak.co.kr
ISBN 979-11-85786-83-4 74400
ISBN 979-11-85786-82-7 74400(세트)
잘못된 책은 구입하신 곳에서 바꿔 드립니다.

제조국 대한민국 사용연령 8세 이상
KC마크는 이 제품이 공통안전기준에 적합하였음을 의미합니다.

 아르볼은 '나무'를 뜻하는 스페인어. 어린이들의 마음에 담긴 씨앗을 알찬 열매로 맺게 하는 나무가 되겠습니다.

홈페이지 www.jihak.co.kr/arb/book | **포스트** post.naver.com/arbolbooks

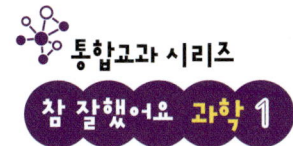
통합교과 시리즈
참 잘했어요 과학 1

반려동물

또 하나의 가족

글 한영식 | 그림 최해영 | 감수 서울과학교사모임

지학사아르볼

펴냄 글

과학은 왜 어려울까?

- 생물, 지구과학, 물리, 화학 등 공부해야 할 범위가 넓다.
- 책이나 교과서를 볼 땐 이해할 것 같다가도 돌아서면 헷갈린다.
- 과학 현상이나 원리가 어려워서 이해가 안 된다.
- 과학 공부를 할 때 어려운 단어가 많이 나온다.

과학 공부, 쉽게 하려면 통합교과 시리즈를 펼치자!

통합교과란?

- 서로 다른 교과를 주제나 활동 중심으로 엮은 새로운 개념의 교과
- 하나의 주제를 **개념·역사·환경·윤리·인물·직업** 등 다양한 영역에서 접근해 정보 전달 효과를 높임
- 문·이과 통합 교육 과정에 안성맞춤

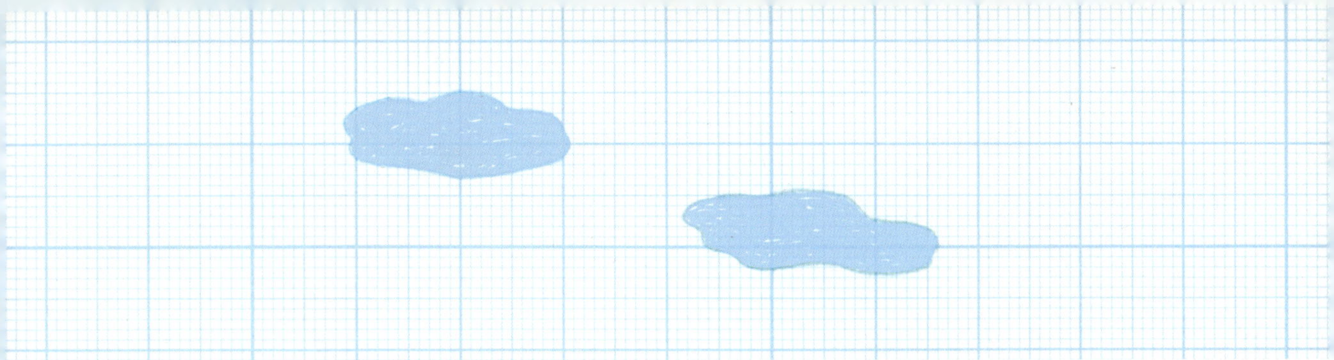

이런 학생들에게 통합교과 시리즈를 추천합니다!

과학 교과를 처음 배우는 초등학교 **3학년**

과학이 지겹고 어렵게 느껴지는 **4학년**

개념
개념을 알아야 주제가 보인다!
개념 완벽 정리!

인물
관련 분야에 업적을 이룬 인물을 통해 연구자의 자세 본받기!

생물
과학 분야를 샅샅이 파고들어 주제에 대한 이해력을 쑥!

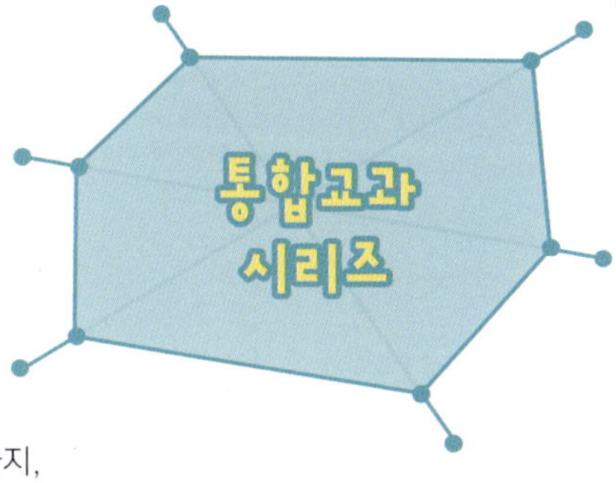

환경
주제와 관련된 환경 문제를 알아보고 해결 방안 탐색!

역사
과거부터 현재까지, 관련 분야의 역사 지식이 머릿속에 쏙!

윤리
과학의 양면성을 살펴보고, 인간의 도덕적 책임을 확인!

통합교과 시리즈

차례

1화
까칠한 식구가 생기다! 　**개념** 반려동물이란 무엇일까? 10

- 16　반려동물과 애완동물
- 18　가족이 된 반려동물
- 20　가장 많이 키우는 반려동물 : 개와 고양이
- 24　그 밖의 반려동물
- 28　한 걸음 더 – 집에서 키우는 희귀한 동물

2화
까칠이도 동물, 나도 동물? 　**생물** 동물에는 어떤 종류가 있을까? 30

- 36　살아 있다면 그건 바로 생물
- 38　동물을 분류하는 기준은 등뼈
- 40　척추동물, 무엇이 있을까?
- 41　무척추동물, 무엇이 있을까?
- 42　동물이 사는 곳은 어디일까?
- 48　한 걸음 더 – 동물의 한살이

3화
까칠이가 늑대였다고? 　**역사** 동물과 사람은 언제부터 함께 살았을까? 50

- 56　사람 곁으로 온 회색늑대
- 58　야생 동물의 가축화
- 60　가축의 다양한 쓰임새
- 62　우리나라 토종 가축
- 66　한 걸음 더 – 사람을 돕는 개를 소개합니다!

4화
반려동물을 보호해요   [윤리] 동물의 생명과 안전 68

- 74 반려동물을 돌볼 땐 책임감이 필수
- 76 동물의 행복할 권리
- 78 자유를 빼앗긴 동물
- 80 동물의 권리 보호를 위한 동물 보호 운동
- 84 한 걸음 더 – 반려동물등록제

5화
위기에 빠진 지구촌 동물   [환경] 자연 파괴와 동물 멸종 86

- 92 이미 멸종된 동물
- 94 오늘날 멸종 위기 동물이 생기는 이유
- 96 멸종 위기 동물에는 어떤 것이 있을까?
- 98 멸종 위기 동물을 되살려라!
- 102 한 걸음 더 – 국내외 동물 및 자연 보호 단체

6화
나도 동물 과학자가 될 거야!   [인물] 동물을 연구하고 보호하는 과학자 104

- 110 동물을 연구하는 과학자
- 112 거위 아빠 콘래드 로렌츠
- 114 침팬지의 친구 제인 구달
- 116 세계 최고의 개미학자 에드워드 윌슨
- 118 환경 운동의 어머니 레이첼 카슨
- 122 한 걸음 더 – 동물과 관련된 직업

128 워크북 / 140 정답 및 해설 / 142 찾아보기

등장인물

공주
까칠이를 보고 한눈에 사랑에 빠진 소녀.
유기견 보호소에 있던 까칠이를 입양하여 집으로 데려온다.
하지만 훈련이 안 된 까칠이의 행동에 매우 힘들어하는데…….
공주는 까칠이와 진정한 가족이 될 수 있을까?

공주 엄마
동물을 좋아하고 정이 많은 엄마.
강아지를 책임지고 잘 돌보겠다는 공주의 말을 믿고,
입양을 허락한다. 까칠이의 실수(?)를 너그럽게 용서해 주고,
집에 적응할 수 있도록 도와준다.

까칠이
유기견 보호소에 있던 강아지.
공주네 집에 간 첫날부터 시끄럽게 짖어 대고, 이불 위에
볼일을 보는 등 계속해서 공주의 화를 돋우는데…….
과연 까칠이는 공주를 잘 따르게 될까?

미소
공주의 친구. 성격이 착해서 별명이 미소 천사이다.
동물 박사인 아빠의 영향으로 동물에 대해 관심이 많다.
마음이 여려서 불쌍한 동물을 보면 금세 눈물을 쏟는
순수한 소녀!

엘사
미소네 고양이.
까칠이를 처음 만났을 때는 매우 경계했으나,
자주 만나면서 친해진다.

미소 아빠
오랫동안 동물에 대해 연구하여 아는 것이 많은 동물 박사.
공주와 미소가 동물에 대해 궁금해할 때마다
관련 정보를 척척 알려 준다.

1화
까칠한 식구가 생기다!

개념 반려동물이란 무엇일까?

- 반려동물과 애완동물
- 가족이 된 반려동물
- 가장 많이 키우는 반려동물 : 개와 고양이
- 그 밖의 반려동물

한눈에 쏙 – 반려동물이란 무엇일까?
한 걸음 더 – 집에서 키우는 희귀한 동물

★ **유기견** 주인이 키우다가 실수로 잃어버리거나 일부러 버린 개

반려동물과 애완동물

반려동물이란?

반려동물은 '사람과 더불어 사는 동물'이라는 뜻으로, 정을 나누며 함께 사는 동물을 말하지요. 개나 고양이 같은 반려동물은 사람 곁에서 기쁨을 주는 고마운 친구예요. 더 나아가 가족처럼 느껴지기 때문에 '평생 함께한다'는 의미로 반려동물이라 부른답니다.

반려동물과 애완동물은 달라요!

애완동물은 '즐거움을 얻기 위해 기르는 동물'이라는 뜻이에요. 옛날에는 집에서 키우는 동물을 애완동물이라 불렀어요. 하지만 요즘은 정서적으로 마음을 나눌 수 있는 동물들은 친구(반려)로 생각하자는 의미에서 반려동물이라 부르지요.

마음을 나눌 수 있다면 반려동물로 OK!

반려동물이 될 수 있는 동물로는 어떤 게 있을까요? 개? 고양이?

사실 마음을 나누고 가족처럼 여길 수 있다면 모든 동물이 반려동물이 될 수 있어요. 승마를 즐기는 사람에게는 말이 가장 소중한 가족이 될 수 있고, 돼지나 닭을 소중하게 키우는 사람에게는 그 동물들이 충분히 반려동물이 될 수 있지요.

따라서 반려동물과 애완동물을 나누는 것은 키우는 사람이 자신의 동물을 어떻게 생각하는지가 가장 중요한 기준이랍니다.

T!P 반려동물은 장난감이 아니에요!

동물을 소중한 생명체가 아니라고 잘못 알고 있는 사람들이 있어요. 싫증이 나서 버리거나 괴롭히는 사람도 있지요.

반려동물은 살아 숨 쉬는 소중한 생물이에요. 항상 꼼꼼하게 보살펴야 한다는 점, 잊지 마세요!

 가족이 된 반려동물

가족의 개념이 달라졌다!

현대는 옛날에 비해 가족의 구성원이 줄어들고, 일자리를 찾아 다른 지역으로 이동하는 인구가 많아졌어요. 또 혼자 사는 1인 가구도 늘어났지요.

사람들은 마음을 나누며 가족처럼 지낼 존재가 필요해졌어요. 그리하여 개와 고양이 같은 반려동물이 사람의 빈자리를 채우고 있지요. 반려동물은 사람을 대신해서 위로와 힘을 주는 소중한 가족이 되었어요.

반려동물을 집에 데려오기 전 확인 사항

                                                Yes No

1. 가족 모두가 찬성했나요? ☐ ☐

⋯▸ 가족 구성원 중 한 명이라도 반대하거나, 동물 알레르기가 있으면 안 돼요.

2. 데려올 동물의 습성이나 주의 사항 등을 공부했나요? ☐ ☐

⋯▸ 반려동물에 대한 올바른 지식이 있어야 제대로 키울 수 있어요.

3. 반려동물의 평생을 책임질 마음의 준비가 되었나요? ☐ ☐

⋯▸ 반려동물은 애정을 가지고 끊임없이 보살펴야 하는 존재예요.
처음에만 예뻐하다가 점점 관심을 주지 않으면 절대 안 돼요.

4. 반려동물을 키울 만한 공간과 시간이 있나요? ☐ ☐

⋯▸ 반려동물이 지낼 공간이 충분하지 않으면 사람과 동물, 모두가 불편할 수 있어요.
또 오랜 시간 돌봐 주지 못하면 동물이 제대로 살 수 없지요.

5. 반려동물을 잘 훈련시킬 자신 있나요? ☐ ☐

⋯▸ 이웃에게 피해를 줄 만큼 크게 짖는다거나, 지나가는 사람에게 달려드는 등
갑작스러운 행동을 하지 못하도록 훈련시켜야 해요.

'No'가 하나라도 있다면?

반려동물을 데려오면 안 돼요. 잘 돌보지 못하는 사람들이 섣불리 키웠다가 버려서 유기견(개)과 유기묘(고양이)가 많아지고 있지요. 반려동물은 가족 모두가 찬성하고 끝까지 책임질 준비가 되어야만 비로소 진짜 가족이 될 수 있다는 사실, 잊지 마세요!

가장 많이 키우는 반려동물 : 개와 고양이

개와 고양이는 사람들에게 가장 사랑받는 반려동물이에요. 인간과 큰 갈등 없이 지낼 수 있는 원만한 성격을 갖고 있어서 사람들이 더욱 좋아하지요.

애교 만점 재롱둥이 개

개는 반려동물 중 가장 인기가 높은 동물이에요. 충성심이 강하고 애교나 정이 많아서 사람과 마음을 잘 나누지요.

예부터 무리 지어 생활했기 때문에 사람들과 잘 지내는 편이랍니다.

사람과 오랜 시간 함께 살아온 만큼 사육 방법과 질병에 대한 연구가 많이 이루어져 있어요. 그래서 다른 동물보다 키우기 쉽답니다.

후각을 이용한 정보 습득

사람은 주로 말로 대화를 나누고 눈으로 다양한 정보를 얻습니다. 하지만 개들은 말도 못 하고 눈도 좋지 않아요. 그 대신 개들은 가장 뛰어난 감각인 후각을 이용해 주변 정보를 얻지요.

개의 후각 세포는 젖어 있을 때 냄새를 더 잘 맡아요. 개가 코를 핥아 침을 묻히는 것도 이 때문이랍니다.

개를 소개합니다!

킁킁, 냄새가 난다!
후각은 개가 가진 능력 중 가장 뛰어난 감각이에요. 냄새를 맡는 세포의 수가 사람의 약 44배나 된답니다.

이게 무슨 소리지?
개의 청각은 사람보다 4~8배나 좋아요. 사냥감이 있는 곳을 발견하거나, 적으로부터 도망가기 위해 발달한 능력이지요.

폭신한 발바닥 패드
발바닥에는 땅에 닿을 때 생기는 충격을 줄여 주는 패드가 있어요. 발바닥 패드에는 털이 없기 때문에 안전하게 멈출 수도 있지요.

나는야, 달리기 선수!
사냥감을 빨리 잡기 위해 발달한 능력이에요. 가장 빠른 개는 시속 70킬로미터로, 일반 자동차 속도와 비슷하지요.

종류	400여 품종
수명	약 15년
특징	· 항상 발톱이 드러나 있다. · 꼬리를 흔들며 친근한 표시를 한다. · 사람과 마주치기 전에 냄새를 먼저 맡기 때문에, 만나기 전부터 멍멍 짖는 경우가 있다. · 고기류와 채소류를 모두 먹는 잡식성 동물이다. · 냄새를 잘 맡기 위해 항상 코가 촉촉하게 젖어 있다. · 훈련을 통해 사냥견, 구조견, 맹인 안내견 등이 되어 사람에게 도움을 준다.

도도한 매력을 지닌 고양이

고양이는 개와 함께 반려동물로 큰 사랑을 받는 동물이에요. 조용하고 깔끔한 성격이라 집 안에서 키우기 좋지요.

고양이는 예부터 무리 지어 살지 않고 혼자 생활하는 동물이에요. 따라서 집에 혼자 있는 것을 낯설어하지 않지요.

몸이 매우 유연하여 좁은 곳을 잘 다니고, 점프력이 좋아서 높은 곳에 잘 올라가요.

청각을 이용한 정보 습득

후각이 매우 예민한 개와 달리, 고양이는 청각이 매우 뛰어나요. 사람이 들을 수 없는 수준의 소리도 잘 들을 수 있지요.

개는 잘 달리기 때문에 먹잇감을 쫓아다니며 잡지만, 고양이는 소리를 통해 사냥감의 위치를 정확히 파악한 뒤 순간적으로 덮쳐 잡아요.

청각이 뛰어나기 때문에 소리에 매우 예민해요. 따라서 청소기, 드라이어, 비닐 소리 등 집에서 나는 소음에 크게 놀랄 수 있으니 주의해야 한답니다.

고양이를 소개합니다!

빗질이 가능한 혀
혓바닥에 돌기가 나 있어요. 고양이가 혀로 자신의 몸을 핥는 것은 털을 빗질하기 위해서예요.

소리가 귀에 쏙쏙!
고양이는 귀를 자유롭게 움직일 수 있어요. 그래서 소리를 잘 들을 수 있도록 조정하지요.

걸을 때마다 도장 꾹!
개처럼 발바닥에 패드가 있어 소리와 충격을 줄여 줘요. 또한 발바닥에서 나오는 물질로 자신의 영역을 표시하고 다녀요.

숨겨 놓은 발톱
평소에 발톱이 감추어져 있어서 닳지 않아요. 그래서 발톱을 거친 곳에 대고 스스로 벅벅 긁어 발톱을 갈아요.

종류   40여 품종

수명   약 15년

특징
- 나무에 오르거나 먹이를 잡을 때만 발톱을 드러낸다.
- 주변을 경계할 때는 꼬리를 위로 치켜세운다.
- 점프력이 좋고 균형 감각이 뛰어나 높은 곳에 잘 오르내린다.
- 살금살금 소리 없이 다니기 때문에 갑작스럽게 만나는 경우가 많다.
- 주로 고기류를 먹는 육식성 동물이다.
- 야생 고양이를 길들인 동물이다.

그 밖의 반려동물

깡충깡충 토끼

토끼는 성격이 온순하여 기르기 쉬운 동물이에요. 풀을 오물오물 씹어 먹는 모습이 매우 귀엽지요. 토끼의 귀는 매우 약하기 때문에 손으로 잡아당기면 절대 안 돼요.

이빨이 계속 자라나는 특징이 있어요.

동글동글 햄스터

햄스터는 독일어로 '저장하다'는 뜻이에요. 먹이를 모아서 돌 틈이나 나무 울타리 안에 숨겨 놓는 습성 때문에 붙여진 이름이지요. 토끼처럼 이빨이 계속 자라며, 청각이 좋아서 시끄러운 것을 싫어해요.

햄스터는 볼주머니에 먹이를 저장할 수 있어요.

뾰족뾰족 고슴도치

고슴도치는 몸 대부분이 바늘 같은 가시로 덮여 있어요. 하루에 15시간 이상 자며, 따뜻한 기온에서 길러야 해요.

위험을 느끼면 몸을 웅크리고 가시를 세워 몸을 보호하지요.

짹짹 지저귀는 새

새는 아름다운 소리를 내고 깃털이 예뻐서, 주로 감상하기 위해 키우는 동물이에요.

십자매는 건강하고 추위에 강하여 쉽게 기를 수 있는 새라 인기가 높아요. 잉꼬는 잘 훈련시키면 사람의 목소리를 흉내 낼 수 있어요. 카나리아는 울음소리가 매우 아름다워서 인기가 높답니다.

잉꼬는 한번 기억한 말은 잊지 않아요. 그러니까 나쁜 말을 가르치지 마세요.

뻐끔뻐끔 물고기

금붕어는 초보자들도 쉽게 키울 수 있는 동물이에요. 물속에 살기 때문에 넉넉한 크기의 투명한 어항이 있어야 해요.

흰동가리, 블루탱 같은 열대어는 알록달록한 빛깔을 띠고 있어서 인기가 매우 높아요. 더운 지역에 사는 물고기이기 때문에 물 온도를 따뜻하게 유지시켜 줘야 해요.

금붕어

임페리얼 엔젤피쉬 / 블루탱

흰동가리 / 옐로탱

어항에 오염 물질을 걸러 내는 여과기를 넣으면 금붕어를 잘 관찰할 수 있어요.

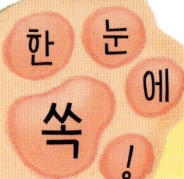

반려동물이란 무엇일까?

반려동물이란?
- 사람과 마음을 나누며, 더불어 사는 동물

애완동물이란?
- 즐거움을 얻기 위해 기르는 동물
- '반려동물'이라는 말이 생기기 전에 집에서 기르는 동물을 뜻하던 단어

짝 반   짝 려   사랑 애   즐길 완

반려동물 : 사람과 더불어 사는 동물   애완동물 : 즐거움을 얻기 위해 기르는 동물

반려동물을 집에 데려올 때 주의 사항
- 가족 모두가 찬성해야 한다.
- 데려올 동물의 습성이나 주의 사항 등을 공부해야 한다.
- 반려동물의 평생을 책임질 마음의 준비가 되어야 한다.
- 키울 만한 공간과 시간이 있어야 한다.
- 잘 훈련시킬 자신이 있어야 한다.

가장 많이 키우는 반려동물

개	• 종류 : 400여 품종　　• 수명 : 약 15년
	• 특징　① 무리 생활을 해 왔기 때문에 사람들과 잘 지낸다. 　　　　② 후각이 뛰어나 냄새를 통해 주변 정보를 얻는다. 　　　　③ 훈련을 통해 사냥견, 구조견 등으로 활약하여 도움을 준다. 　　　　④ 코가 항상 촉촉하다.
고양이	• 종류 : 40여 품종　　• 수명 : 약 15년
	• 특징　① 무리 지어 생활하지 않았기 때문에 혼자 잘 지낸다. 　　　　② 청각이 뛰어나 소리를 통해 주변 정보를 얻는다. 　　　　③ 점프력이 좋아 높은 곳을 잘 오르내린다. 　　　　④ 혀에 돌기가 나 있다.

그 밖의 반려동물

- 토끼, 햄스터, 고슴도치, 새, 물고기 등

한 걸음 더!

집에서 키우는 희귀한 동물

최근 들어 쉽게 볼 수 없는 희귀한 동물에 관심을 갖는 사람들이 늘었어요. 어떤 동물이 있는지 살펴볼까요?

라쿤
- 미국너구리과 동물
- 특징 : 호기심이 많고 영리하다.
- 주의 : 손발을 모두 사용하기 때문에 집 안 물건을 어지럽힌다.

멕시코도롱뇽(우파루파)
- 점박이도롱뇽과 동물
- 특징 : 신체의 한 부분이 조금 잘려 나가도 원래의 모양으로 쉽게 재생한다.
- 주의 : 물의 온도가 높아지면 피부가 회색으로 변한다.

이구아나
- 이구아나과 동물
- 특징 : 주로 식물을 먹는다.
- 주의 : 더운 지역에서 사는 동물이기 때문에 추위에 매우 약하다.

타란툴라

- 대형열대거미과 동물
- **특징** : 약한 독을 가지나 온순하여 잘 물지 않는다.
- **주의** : 물렸을 경우에는 소독 후에 냉찜질을 한다.

유대하늘다람쥐(슈가글라이더)

- 유대하늘다람쥐과
- **특징** : 밤에 활동하는 야행성 동물이다.
- **주의** : 겁이 많아 친해지기 힘들다.

T!P

펫샵이 뭐예요?

반려동물이나 애완용 동물, 동물을 기르는 데 필요한 물품 등을 사고파는 가게를 펫샵(pet shop)이라고 해요.

펫샵에 가면 개와 고양이는 물론 새, 물고기, 곤충 등 다양한 동물을 볼 수 있어요.

- 살아 있다면 그건 바로 생물
- 동물을 분류하는 기준은 등뼈
- 척추동물, 무엇이 있을까?
- 무척추동물, 무엇이 있을까?
- 동물이 사는 곳은 어디일까?

한눈에 쏙 - 동물에는 어떤 종류가 있을까?
한 걸음 더 - 동물의 한살이

살아 있다면 그건 바로 생물

생물이란?

생물은 생명을 가지고 살아가는 물체예요. 크게 동물과 식물로 나뉘며, 그 밖의 작은 미생물이 있지요.

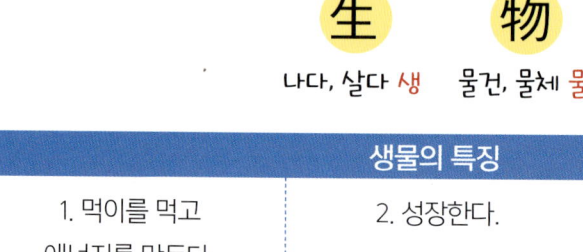

지구에는 어떤 생물이 있을까?

개와 고양이는 인간과 가장 가까운 곳에서 함께 사는 동물이에요. 날아다니는 새, 헤엄치는 물고기, 작은 곤충도 동물이지요.

식물은 동물처럼 자유롭게 움직이지 못하지만 생명을 가지고 있어요. 쑥쑥 자라나 열매도 맺고, 꽃도 피우니까요.

그 외에도 버섯과 곰팡이가 속하는 균류, 아메바·짚신벌레가 속하는 원생생물, 세균이 속하는 원핵생물과 같은 미생물이 있답니다.

동물과 식물은 무엇이 다를까요?

	동물	식물
활동	자유롭게 움직인다.	자유롭게 움직이지 못한다.
영양분	동물을 잡아먹거나 식물을 뜯어 먹고 영양분을 얻는다.	광합성*을 해서 스스로 영양분을 만들거나 땅에서 얻는다.
번식	알이나 새끼를 낳아 번식한다.	포자나 씨앗을 통해 번식한다.
성장	어릴 때 빨리 자라다가 일정 시기가 지나면 자라지 않는다.	계속 자란다.

★ **광합성** 식물이 햇빛을 이용하여 영양분을 만드는 과정

동물을 분류하는 기준은 등뼈

지구에는 다양한 동물이 살고 있어요. 이들은 종류마다 생김새, 사는 곳, 생활 방식이 다르지요.

이렇게 각기 다른 동물들을 딱 두 가지 종류로 나눌 수 있는 간단한 방법이 있어요. 바로 등뼈가 있는지 없는지 확인해 보는 거예요.

Yes! 등뼈가 있다 → 척추동물

척추동물은 등뼈가 있는 동물이에요. 신경과 근육이 잘 발달되어서 위험을 느끼면 재빨리 도망치고, 먹이를 발견하면 빠르게 사냥할 수 있어요.

No! 등뼈가 없다 → 무척추동물

무척추동물은 척추동물에 비해 매우 단순한 형태의 동물이에요. 척추동물에 비해 크기는 작지만, 생존력과 번식력이 뛰어나 그 수가 어마어마하지요.

척추동물과 무척추동물은 무엇이 다를까요?

	척추동물	무척추동물
등뼈(척추)	있다.	없다.
번식	새끼 또는 알을 낳는다.	대부분 알을 낳는다.
구조	심장, 폐, 위, 신장 등 구조가 복잡하게 발달했다.	구조가 단순하다.
종류	토끼, 호랑이, 독수리, 비둘기, 잉어, 금붕어 등	메뚜기, 달팽이, 조개, 게, 나비, 오징어, 산호 등

 ## 척추동물, 무엇이 있을까?

등뼈가 있는 동물을 척추동물이라고 한다고 했지요? 이 척추동물들은 포유류, 조류, 어류, 양서류, 파충류로 나눠진답니다. 척추동물의 특징을 알아볼까요?

포유류
- 머리, 몸통, 다리로 구분해요.
- 몸이 털로 덮여 있어 체온이 일정해요.
- 허파(폐)로 호흡해요.
- 새끼를 낳아요.

어류
- 아가미로 호흡해요.
- 몸이 유선형이에요.
- 지느러미로 헤엄을 쳐요.
- 몸이 비늘로 덮여 있어요.
- 알을 낳아요.

비늘

조류
- 머리, 몸통, 날개, 다리로 구분해요.
- 몸이 깃털로 덮여 있어 체온이 일정해요.
- 허파에 공기주머니가 있어 하늘을 날아요.
- 알을 낳아요.

양서류
- 머리, 몸통, 다리로 구분해요.
- 축축한 피부로 되어 있어요.
- 허파와 피부로 호흡하며, 땅과 물을 오가며 살지요.
- 알을 낳아요.
- 겨울잠을 자요.

파충류
- 알을 낳아요.
- 몸이 딱딱한 비늘로 덮여 있어요.
- 허파로 호흡해요.

# 무척추동물, 무엇이 있을까?

등뼈가 없는 동물, 즉 무척추동물에는 절지동물, 연체동물, 환형동물, 극피동물, 편형동물, 강장동물이 있어요. 무척추동물의 특징을 알아볼까요?

절지동물
- 몸이 단단한 외골격으로 덮여 있어요.
- 다리에 마디가 있어요.
- 몸이 머리, 가슴, 배로 나뉘어요.

환형동물

- 몸이 긴 원통형이에요.
- 암수 한 몸이고, 알을 낳아요.
- 몸에 여러 마디가 있어요.

연체동물
- 대부분 물에서 살아요.
- 아가미로 호흡해요.
- 뼈가 없고, 몸이 외투막으로 싸여 있어요.
- 알을 낳아요.

극피동물
- 몸이 단단한 껍데기로 둘러싸여 있어요.
- 알을 낳아요.

편형동물
- 항문이 없어요.
- 알을 낳거나, 몸이 둘로 나누어져 두 마리가 되어요.
- 몸이 연하고 납작하며 좌우 대칭이에요.

강장동물
- 물에 살아요.
- 입과 항문이 구분되지 않아요.

동물에는 어떤 종류가 있을까? • 41

 ## 동물이 사는 곳은 어디일까?

동물은 생김새가 다양한 만큼, 사는 곳도 다양해요. 어느 곳에 어떤 동물이 사는지 살펴볼까요?

나무가 울창한 숲

나무와 풀이 무성하게 자라는 숲에는 많은 동물이 살고 있어요. 설악산, 지리산, 오대산 등 산속 울창한 숲에는 멧돼지, 고라니 등의 동물이 살고 있지요.

마을 주변의 작은 숲에는 다람쥐, 청설모, 딱따구리 등이 살아요.

딱따구리

고라니   청설모

물이 졸졸 흐르는 곳

물가에는 다양한 동물이 살고 있어요. 계곡과 냇물에는 도롱뇽과 개구리, 다양한 물고기들이 살지요. 하천에는 청둥오리, 수달, 잉어 등이 살아요.

수달

청둥오리

참새　　　　　　까치

곡식이 있는 논밭

논밭에는 낟알을 먹으러 오는 참새와 까치가 살고, 농작물을 먹고 사는 메뚜기와 노린재 같은 동물도 있어요.

푸른 바다

지구의 3분의 2를 차지하는 바다에는 돌고래, 물범, 바다거북과 같은 동물이 살아요. 또 말미잘, 산호, 홍합 등 다양한 무척추동물도 살지요. 괭이갈매기같이 물 위를 둥둥 떠다니거나, 하늘을 날아다니는 새도 있답니다.

괭이갈매기　　　　　　　　돌고래

T!P

농장에는 어떤 동물이 있을까요?

농장에는 사람이 이용하기 위해 길들이는 가축들이 많이 살아요. 주로 소와 돼지, 양과 염소, 닭과 오리 등을 사육하지요.

소

풀이 많은 초원

아프리카나 중앙아시아에는 드넓은 초원이 많이 있어요. 초원에는 기린, 얼룩말처럼 풀을 뜯어 먹는 초식 동물과 그런 초식 동물을 사냥하는 사자, 치타 등 육식 동물이 있어요.

기린   얼룩말   사자

물을 찾기 힘든 사막

사막은 비가 거의 내리지 않아 건조하기 때문에 동물이 살기 힘든 곳이에요. 그러나 몇몇 동물들은 이 기후에 잘 적응하여 살고 있지요.

물이 없어도 오랫동안 견딜 수 있는 낙타, 사막여우, 박쥐, 방울뱀 등이 살아요.

낙타   방울뱀

추운 북극과 남극

눈보라가 매섭게 부는 북극과 남극에도 동물이 살아요. 북극은 커다란 얼음이 둥둥 떠다닐 뿐 육지가 없어요. 그곳에는 추위에 매우 강한 북극곰, 북극여우, 순록 등이 살지요.

남극은 지구에서 가장 추운 곳이에요. 그래서 남극에 사는 동물들은 주로 먹이를 찾으러 바다로 나가지요. 그곳에는 황제펭귄, 남방코끼리바다표범, 알바트로스 등이 있답니다.

북극곰

펭귄

알바트로스

낙타 등의 혹에는 무엇이 들었을까?

낙타는 등에 있는 혹 속에 지방을 저장해 놔요. 며칠 동안 물을 못 마시면 그 지방을 분해하여 물을 얻지요. 그래서 물이 없는 사막에서도 오래 버틸 수 있답니다.

코에 모래가 들어가지 않도록 콧구멍을 닫을 수도 있어.

동물에는 어떤 종류가 있을까?

생물이란?
- 생명을 가지고 살아가는 물체로, 크게 동물과 식물로 나뉨

생물의 특징
1. 먹이를 먹고 에너지를 만든다.
2. 성장한다.
3. 자손을 낳는다.

동물과 식물의 차이

	동물	식물
활동	자유롭게 움직인다.	자유롭게 움직이지 못한다.
영양분	동물을 잡아먹거나 식물을 뜯어 먹어서 영양분을 얻는다.	광합성을 해서 스스로 영양분을 만든다.
번식	알이나 새끼를 낳아 번식한다.	포자나 씨앗을 통해 번식한다.
성장	어릴 때 빨리 자라다가 일정 시기가 지나면 자라지 않는다.	계속 자란다.

척추동물과 무척추동물

	척추동물	무척추동물
등뼈(척추)	있다.	없다.
번식	새끼 또는 알을 낳는다.	대부분 알을 낳는다.
구조	심장, 폐, 위, 신장 등 구조가 복잡하게 발달했다.	구조가 단순하다.
성장	토끼, 호랑이, 독수리, 비둘기, 잉어, 금붕어 등	메뚜기, 달팽이, 조개, 나비, 게, 오징어, 산호 등

동물이 사는 곳

- 숲, 논밭, 들판, 습지, 연못, 하천, 바다, 남북극, 사막 등 다양하다.

한 걸음 더!

동물의 한살이

동물이 태어나서 자라고 어른이 되어 죽기까지의 과정을 동물의 한살이라고 해요. 동물은 암컷과 수컷이 만나 새끼 또는 알을 낳아서 번식하지요. 다양한 동물들의 한살이를 살펴볼까요?

포유류 : 개

❶ 갓 태어난 새끼
눈을 뜨지 못하고, 귀도 접혀 있어요.

❷ 강아지
2주 후에 눈을 뜨고, 3주가 지나면 귀가 펴지며, 6~8주 후에는 젖니가 나와요.

❸ 개
9개월~1년 이상 자라면 다 자란 개가 돼요.

양서류 : 개구리

❶ 알
투명한 막으로 둘러싸인 알을 물속에 1,000개 이상 낳아요.

❷ 올챙이
알에서 부화하고 15일 뒤에 뒷다리, 25일 뒤에 앞다리가 나와요. 점점 꼬리가 짧아져요.

❸ 개구리
2달 후에는 개구리가 되고, 땅 위로 올라와 먹이를 잡아먹으며 자라요.

조류 : 닭

❶ 알
단단한 껍데기에 싸여 있어요.

❷ 병아리
3주가 지나면 껍데기를 깨고 병아리가 부화해요.

❸ 어린 닭
1달 후에 솜털이 깃털로 바뀌고 색이 진해져요.

❹ 닭
6개월쯤 자라면 온몸이 깃털로 덮이고 볏이 뚜렷하게 돼요.

절지동물 : 나비

❶ 알
1밀리미터 크기의 알을 낳아요.

❷ 애벌레
허물을 벗고 나와요.

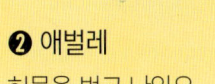

❸ 번데기
고치 속에 들어가 나뭇가지에 대롱대롱 매달려 있어요.

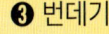

❹ 성충
고치를 뚫고 나와 예쁜 나비가 돼요.

동물에는 어떤 종류가 있을까? • 49

- 사람 곁으로 온 회색늑대
- 야생 동물의 가축화
- 가축의 다양한 쓰임새
- 우리나라 토종 가축

한눈에 쏙 - 동물과 사람은 언제부터 함께 살았을까?
한 걸음 더 - 사람을 돕는 개를 소개합니다!

★ **분화** 생물체가 다른 특징을 보이는 생물로 변하는 현상

 ## 사람 곁으로 온 회색늑대

자연에서 살던 동물은 언제부터 인간과 함께 살았을까요? 사람과 가장 오랜 시간을 함께한 개를 살펴보면 알 수 있어요.

개의 조상은 회색늑대

오늘날 사람들에게 가장 많은 사랑을 받는 동물은 개예요. 개는 사람과 함께 생활한 지 가장 오래된 동물이거든요.

사람과 함께 살던 개의 흔적 중 가장 오래된 것은 3만 2천 년 전의 뼈예요. 프랑스 남쪽 쇼베 동굴과 벨기에의 고예 동굴에서 인간과 개의 뼈가 발견되면서 알려졌지요.

그런데 구석기 시대에는 개가 없었어요. 최초의 개는 늑대였으니까요. 늑대가 어떻게 개가 되었느냐고요? 사람과 함께 살다 길들여진 회색늑대가 개로 분화한 것이랍니다.

개의 조상이 늑대라는 증거는?

개와 늑대의 유전자는 약 99% 같아요. 이 연구 결과로, 늑대가 분화하여 개가 되었다는 주장이 많은 사람에게 받아들여지고 있지요.
오래전 사람들은 늑대 중에서도 온순하고 용맹한 늑대를 골라 길들였고, 그 결과 현재의 다양한 품종의 개로 분화하였답니다.

사람들 곁으로 먼저 다가온 개

석기 시대 사람들은 돌도끼를 사용해 동물을 잡아먹었어요. 다 먹은 후 남은 것은 아무 데나 버렸지요.

그때, 사람이 버린 찌꺼기를 먹으려고 늑대들이 몰려왔어요. 늑대는 쉽게 먹이를 구할 수 있게 되자, 사람들 주변에 계속 모여들었지요.

늑대들은 사람을 자주 만나다 보니 잘 도망치지도 않았어요. 물론 늑대를 자주 본 사람들도 별로 무섭게 생각하지 않았지요. 결국 그런 늑대들이 사람에 의해 선택되고 길러져 현재의 개가 되었답니다.

최초의 개는 늑대라고!

사냥을 안 하니까 이빨이 촘촘해지고 주둥이가 짧아졌어. 또 머리 모양도 변했고, 몸의 크기도 훨씬 작아졌지.

 ## 야생 동물의 가축화

가축의 역사

가축은 인간이 생활하는 데 도움을 얻기 위해 키우는 동물을 말해요. 인간은 농사를 짓고 한곳에 모여 살면서 가축을 키우기 시작했지요. 석기 시대에 살았던 인류의 조상들은 여러 야생 동물 중 20여 종을 가축으로 길들였답니다.

최초의 가축인 개는 1만 2천 년경, 소는 1만 년경, 염소와 돼지는 8천 년경부터 가축으로 길렀어요. 그 외에 닭, 칠면조, 거위, 집오리, 메추리, 말, 당나귀, 순록 등도 있어요.

가축과 인간

가축을 기르자 인간의 생활은 매우 편리해졌어요. 우선, 사냥을 자주 나가지 않으니 호랑이, 표범 등 맹수들에게 공격당하는 일이 줄었지요. 또한 고기를 먹고 싶을 때 바로 먹을 수 있고, 위험한 동물이 공격할 때도 알려 주어 도움이 되었지요.

가축이 된 동물도 인간과 함께 사는 게 편하다는 것을 알게 되었어요. 스스로 먹이를 찾지 않아도 되고, 사나운 맹수의 공격으로부터 보호받아 안전하니까요.

인간에게 아낌없이 주는 가축

야생 동물을 가축으로 기른 가장 큰 이유는 음식과 옷을 해결하기 위해서였어요. 고기, 우유, 털, 가죽 등을 얻는 데 큰 도움이 되었거든요.

그건 오늘날에도 마찬가지예요. 소·돼지·양·염소를 통해 고기를 얻고, 거위나 양의 털은 옷을 만드는 데 도움을 주지요. 인간은 필요한 목적에 따라 다양한 가축 품종을 만들어 냈어요.

고기가 제일 좋아!

역시 겨울엔 오리털이 최고야!

구제역과 조류 독감

가축은 사람의 손에 보호받으며 살고 있지만, 때로는 위험한 질병에 걸리기도 해요. 전염성이 강한 바이러스에 의해 소와 돼지는 구제역에 걸리고 닭과 오리는 조류 독감에 걸리지요.
특히 이러한 병은 치료법이 없기 때문에, 병에 걸리면 땅에 묻거나 불태워야 해요. 그래야 더 큰 전염을 막을 수 있지요. 가축을 계속 이용하기 위해서는 질병으로부터 가축을 잘 보호해야 해요.

가축의 다양한 쓰임새

우리가 흔히 아는 가축에는 소, 말, 양, 돼지, 사슴, 닭, 오리, 거위 등이 있지요? 이 밖에 당나귀, 토끼, 심지어 꿀벌도 가축이에요. 사육이 가능하고, 농사일에 보탬이 되는 동물은 모두 가축이지요.

가축은 성장이 빠르고 새끼를 많이 낳으며, 다양한 깃털과 털의 형태를 갖고 있는 게 특징이에요. 우리에게 다양하게 도움을 주는 여러 가축을 만나 볼까요?

소 야생 소를 길들인 것으로 고기, 우유, 농사 등에 이용해요.
- 젖소(홀스타인) : 독일, 네덜란드 등에서 우유를 얻기 위해 개량한 소
- 한우(육우) : 우리나라의 대표적인 소로, 고기를 얻거나 농사일에 이용하기 위해 기름

돼지 멧돼지를 길들인 동물로, 고기로 이용하거나 햄, 베이컨, 소시지 등의 가공식품을 만드는 데 이용해요.

닭 아시아의 들닭을 개량한 것으로 고기와 달걀 등을 얻어요.

양 야생 양 중 가장 작은 종을 길들인 가축으로 털과 고기 등을 얻어요.

말 몽골 야생말을 개량한 것으로 가축, 경마, 승마, 식량 등에 이용해요.

나귀 야생 나귀를 길들인 가축으로 농사일이나 짐을 옮기는 데 이용해요.

개 늑대를 길들인 동물로 반려동물, 구조견, 안내견, 탐지견 등에 이용해요.

오리 청둥오리를 길들인 가축으로 고기와 알을 얻어요.

개들은 다양한 역할로 사람을 돕고 있어. 66쪽에서 확인해 봐.

우리나라 토종 가축

토종 가축 인정 제도

토종 가축은 소, 돼지, 닭, 오리, 꿀벌 등의 품종 중 우리나라 고유의 유전 특성과 순수 혈통을 유지하며 길러진 외래종과 구별되는 가축이에요.

나는 토종 가축으로 인정받은 몸이라고!

2013년 4월부터 시작된 토종 가축 인정 제도를 통해 우리나라 고유의 품종이 늘어나고 있어요. 이 제도는 유전 특성과 순수 혈통을 유지하며 사육하는 토종 가축을 외래종과 구별하기 위해 만든 법이에요. 토종 가축과 관련한 여러 협회의 심사를 거치면 토종 가축으로 인정을 받아요.

천연기념물이 된 토종 개

진돗개 전라남도 진도에서 길러 낸 우리나라 특산종이에요. 진도는 섬이라 다른 곳과 오가는 일이 적어 순수한 혈통을 유지하고 있지요.

진돗개는 귀가 쫑긋 서 있고 꼬리가 위로 말려 있어요. 또 충성심이 강하고 용맹해서 사냥개로 이용했답니다.(천연기념물 제53호)

삽살개 온몸이 털로 덮여 있는 덥수룩한 털복숭이 개예요. 경상북도 경산을 중심으로 한반도 동남부 지역에 살았어요.

쫓는다는 의미의 '삽'과 악귀라는 뜻의 '살'을 합쳐 '악귀를 쫓는 개'라는 뜻으로 삽살개라 불렀지요.(천연기념물 제368호)

난 김유신 장군이 군견으로 이용할 만큼 강했어. 그리고 충성심이 높지.

동경이 고려 시대의 경주를 가리키는 '동경'에서 자라서 동경이라 불려요. 경주개, 댕견, 동경견, 댕갱이, 동개, 동동개 등 다양한 이름으로 불렸어요. 동경이는 꼬리가 매우 짧은 게 특징이며 사냥견으로 많이 이용했어요.(천연기념물 제540호)

풍산개 '호랑이 쫓는 개'로 유명한 개예요. 북한 함경도 지방에서 길러 냈지요. 생김새가 진돗개와 비슷하고, 추운 날씨에 적응하여 털이 굵어요.(북한 천연기념물 제368호)

2000년 남북 정상 회담 때, 북한으로부터 선물받은 풍산개

동물과 사람은 언제부터 함께 살았을까?

최초의 개는 회색늑대
- 회색늑대가 사람과 함께 살다 길들여져 개로 진화
- 개와 늑대의 유전자는 약 99%가 같음

가축의 역사
- 가축 : 인간이 생활하는 데 도움을 얻기 위해 키우는 동물
- 옛날 조상들은 20여 종의 포유류를 가축으로 길들임
- 가축을 기른 이유 : 가축을 길러 고기, 털, 가죽, 우유 등을 얻기 위해
- 예부터 기른 가축 : 개, 소, 염소, 돼지, 닭, 거위, 메추리, 말 등

구제역과 조류 독감
- 전염성이 강한 바이러스에 의해 소와 돼지는 구제역, 닭과 오리는 조류 독감에 걸릴 수 있음
- 구제역이나 조류 독감에 걸린 가축을 땅에 묻거나 불태우는 이유
   ① 현재 기술로는 치료법이 없어서
   ② 병이 널리 퍼지는 것을 막기 위해

가축의 다양한 쓰임새

- 소 : 고기나 우유를 얻고, 농사일에 사용
- 돼지 : 고기를 얻음
- 닭 : 고기와 달걀을 얻음
- 오리 : 고기, 알, 털을 얻음
- 양 : 고기, 털 등을 얻음
- 말 : 고기를 얻고, 승마나 이동 수단으로 사용
- 개 : 반려동물, 구조견, 안내견, 탐지견 등으로 사용

가축들은 다양한 역할로 사람을 돕고 있어.

우리나라 토종 가축

- 토종 가축 : 우리나라 고유의 유전 특성과 순수 혈통을 유지하며 사육한 가축
- 토종 가축 인정 제도 : 여러 협회의 심사를 거친 토종 가축을 외래종과 구별하기 위해 심사하고 인정해 주는 제도

천연기념물이 된 토종 개

- 진돗개 : 전라남도 진도에서 나는 개
- 삽살개 : 경상북도 경산 지방에서 나는 개로, '귀신 쫓는 개'라는 뜻
- 동경이 : 경주 지방에서 나는 개로, 옛날에 사냥견으로 많이 이용함
- 풍산개 : 북한의 천연기념물로, 호랑이 쫓는 개로 유명함

한 걸음 더!

사람을 돕는 개를 소개합니다!

마약 탐지견 | 래브라도레트리버

공항에서 마약이나 폭발물을 찾는 개예요. 어릴 때부터 특별한 냄새를 맡는 훈련을 통해 위험물을 찾아요.

재해 구조견 | 셰퍼드

지진이나 산사태로 땅에 묻힌 사람을 찾는 개예요. 건물 밑 좁은 틈으로 들어가 냄새를 맡아 사람을 찾아요.

추적견 | 블러드하운드

범죄를 저지른 사람을 찾는 개예요. 산에서 길을 잃은 사람을 찾을 때도 큰 도움이 되지요.

목양견 | 보더콜리

여러 마리의 양 떼가 무리에서 길을 잃지 않도록 양을 돌보는 개예요. 다른 야생 동물이 양을 공격하는 것도 막아 주지요.

해양 구조견 | 뉴펀들랜드

바다에 빠진 사람을 구하는 개예요. 발가락 사이에 물갈퀴 같은 막이 있어서 헤엄을 잘 쳐요.

시각 장애인 도우미견 | 골든레트리버

시각 장애인의 야외 활동을 돕는 개예요. 인내심이 강하고 온순하여 시각 장애인을 잘 돌봐요.

경비견 | 도베르만핀셔

도둑이 들어오지 못하게 집을 지키는 개예요. 매우 날쌔고 공격적이어서 조심해야 하지요.

눈썰매견 | 시베리아허스키

시베리아나 알래스카처럼 눈이 쌓인 지역에서 썰매를 끄는 개예요. 추위에 강하고 체력이 좋지요.

4화
반려동물을 보호해요

윤리 동물의 생명과 안전

· 반려동물을 돌볼 땐 책임감이 필수
· 동물의 행복할 권리
· 자유를 빼앗긴 동물
· 동물의 권리 보호를 위한 동물 보호 운동
한눈에 쏙 - 동물의 생명과 안전
한 걸음 더 - 반려동물등록제

 ## 반려동물을 돌볼 땐 책임감이 필수

반려동물과 함께 살기 위해서는 책임감이 필요해요. 반려동물이 죽을 때까지 정성껏 돌봐야 하니까요.

해마다 10만 마리 이상의 개와 고양이가 책임감 없는 사람들에게서 버려지고 있어요. 그중 일부는 다른 사람에게 보내지기도 하지만, 대부분은 새로운 가족을 찾지 못하고 안락사를 당하지요.

길에 버려진 반려동물은 차에 치이거나 굶어 죽기도 해요. 사람 손에 길들여진 동물은 스스로 먹이를 찾는 게 어렵기 때문에 야생에서 살아남기 힘들거든요.

그러므로 반려동물을 끝까지 책임지지 못하는 건 동물을 죽이는 것과 다름없어요.

T!P

개를 키울 때 무엇이 필요할까?

먹이(사료)
몸집과 나이에 맞는 사료를 준비해요.

밥그릇
정해진 그릇에만 사료를 담아 줘요. 먹고 남은 건 바로 치우는 것이 좋아요.

물통
신선한 물로 자주 갈아 줘요.

빗
털이 엉키지 않도록 잘 빗겨 줘요.

배변판
개의 똥오줌은 빨리 치우고, 항상 깨끗하도록 물로 잘 닦아요.

담요와 쿠션
따뜻하고 포근한 잠자리를 위해 준비해요.

샴푸와 린스
7~10일에 한 번씩 개 전용 샴푸와 린스로 목욕을 시켜요.

목줄
외출할 때는 반려동물의 목에 동물의 이름과 주인의 이름, 연락처가 달린 목줄을 반드시 채워요.

간식
주로 훈련에 성공했을 때 보상으로 조금씩 줘요. 많이 주면 건강에 나쁘니 주의해요.

주의 멀티탭, 칼 등 주변에 있는 위험한 물건을 모두 치워요.

집
공기가 잘 통하고 해가 잘 드는 곳에 놓아요.

동물의 생명과 안전

동물의 행복할 권리

권리는 어떤 일을 스스로 자유롭게 하거나 누릴 수 있는 자격을 말해요. 그래서 우리가 인간으로서 당연히 누려야 할 권리를 '인권'이라고 하지요.

동물에게도 권리가 있을까?

권리는 오직 사람에게만 있는 것이 아니에요. 동물도 자유롭게 이 세상을 누릴 권리가 있지요. 동물도 이 땅의 생명체이니까요.

그러나 오늘날 사람들은 모든 동물을 따뜻하게 안아 주지 못하고 있어요. 오히려 동물에게 고통과 슬픔을 주는 경우도 있지요.

동물 권리 선언

사람들은 19세기부터 동물에게도 권리가 있다는 것을 깨닫기 시작했어요. 그러다 1824년에 영국에서 세계 최초로 동물학대방지협회가 생겼어요. 그 후로 여러 나라에서 동물 보호 단체가 만들어졌고, 야생 동물 사냥 금지 운동도 시작되었지요.

1924년에는 프랑스 작가 앙드레 제로가 〈동물 권리 선언문〉을 발표했어요. 그는 동물과 인간은 모두 자유로운 생물이므로 똑같은 대우를 받아야 한다고 주장했답니다.

동물 보호의 지름길은 자연 보호

동물도 인간과 마찬가지로 먹을 것과 잠잘 곳이 필요해요. 집에서 키우는 반려동물이라면 매일 밥도 챙겨 주고, 쉴 수 있는 곳도 마련해 줘야 하지요. 야생 동물에게는 뛰어다니며 활동할 만한, 산이나 숲과 같은 넓은 공간이 꼭 있어야 해요. 고래나 물고기들도 깨끗한 물에서 살 수 있게 우리가 도와주어야 하지요.

넓고 깨끗한 자연환경을 만들어 주면 동물들이 서로 짝을 찾아 번식하고, 집을 만들며, 친구를 사귀는 등 자유로운 삶을 누릴 수 있어요. 이것이 바로 우리가 자연을 아끼고 보호해야 하는 이유랍니다.

 ## 자유를 빼앗긴 동물

앞에서 동물도 인간처럼 자유롭고 행복하게 살 권리가 있다고 했지요? 하지만 잘 생각해 봐요. 우리 주변에 자유를 빼앗긴 동물들이 있거든요.

인간의 즐거움을 위한 동물 공연

동물원에 가면 돌고래 쇼, 코끼리 쇼 등 다양한 동물 공연을 볼 수 있어요. 관광지나 행사장에서 기념사진을 촬영하는 동물로는 소나 말 등을 볼 수 있지요. 심지어 개를 경주시켜 죽을힘을 다해 달리게 하는 경견장, 피를 볼 때까지 결투를 벌이는 투우나 투견 등 잔인한 경기도 있어요.

이런 행사를 보면서 몇몇 사람들은 즐거워하지만, 동물은 매우 큰 스트레스와 고통을 받아요. 스트레스를 받은 동물들은 이상한 행동을 보이거나 우울증에 걸리기도 해요.

다행히 2012년부터 여러 나라에서 동물 서커스를 금지하기 시작했어요. 우리나라 동물원에서도 돌고래 쇼를 금지했지요. 인간의 즐거움보다 동물의 행복한 삶이 더 중요하다는 것을 잊지 말아야 해요.

돌고래 쇼로 고통받다가 2013년에 제주 바다로 돌아간 제돌이와 춘삼이

인간의 보다 나은 삶을 위한 동물 실험

현대 의학과 미용의 발전을 위해 고통 받는 불쌍한 동물들도 있어요. 쥐, 토끼, 개, 돼지, 원숭이 등은 실험용 동물로 사용되고 있거든요.

동물에게 어떻게 실험하느냐고요? 개발 중인 약이나 물질을 강제로 먹이거나 주사를 놓아서, 그 물질의 효과를 알아봐요. 실험용 동물의 대부분은 안전하지 못한 물질로 인해 병들거나 죽지요.

인간의 삶에 도움이 되는 물질을 만드는 연구는 매우 좋은 일이에요. 하지만 그 일을 위해 동물에게 고통을 주는 건 바람직하지 않지요. 그래서 최근 여러 나라에서 동물 실험을 금지하는 제도를 마련하고 있어요.

우리나라도 동물 대신, 다른 방법으로 연구할 수 있는 길을 마련해야 해요. 그래야 동물의 권리를 지켜 줄 수 있으니까요.

동물의 권리 보호를 위한 동물 보호 운동

오늘날 동물에 대한 문제는 동물 공연, 동물 실험뿐만 아니라 다양한 곳에서 일어나고 있어요.

공장에서 제품을 생산하듯이 새끼 강아지를 계속 낳게 하는 강아지 공장, 건강에 좋다고 소문난 동물을 마구 잡는 동물 사냥, 담비나 여우 등의 가죽으로 옷을 만들기 위해 동물의 가죽을 산 채로 벗겨 내는 가죽 공장 등 참혹한 일들이 많이 일어나고 있어요. 이 일들은 모두 인간의 욕심에서 비롯된 것이지요.

다양한 동물 문제가 생기자 여러 단체가 앞장서서 동물 보호 운동을 활발하게 펼치기 시작했어요. 지구에 살고 있는 동물을 보호하기 위해서 전 세계의 많은 사람이 한마음으로 참여하고 있지요.

다양한 생물이 지구에 존재해야 모든 생물이 행복하게 살 수 있어요. 따라서 동물을 보호하는 것이 우리를 보호하는 방법이라는 걸 꼭 기억하자고요!

동물의 권리를 보호하기 위해 퍼포먼스★를 벌이는 동물 보호 단체들

★ 퍼포먼스 한 집단의 주장을 사람들에게 강렬한 느낌으로 전달하기 위해 표현하는 행위나 공연

CHECK LIST

동물 보호를 위해 우리가 할 수 있는 일

동물의 삶의 터전인 자연을 보호하고, 자유롭게 살 수 있도록 도와요.

반려동물을 키우고 싶다면 유기견 보호소에서 입양하거나, 아는 사람에게 분양받아요.

모피나 동물 가죽으로 만든 옷은 입지 않아요.

동물 실험을 하지 않는 착한 회사의 제품을 사용해요.

동물 보호 단체에 참여하거나 후원해요.

이 밖에 우리가 할 수 있는 일을 더 찾아봐요.

동물의 생명과 안전

동물의 생명과 안전

반려동물을 돌볼 때 책임감이 필요한 까닭

- 책임감이 없는 사람들 때문에 해마다 10만 마리 이상의 개와 고양이가 버려지고 있다.
- 버려진 강아지는 새로운 가족을 찾지 못하면 안락사를 당한다.
- 버려진 동물들은 차에 치이거나 굶어 죽는다.
- 사람 손에 길들여진 동물은 스스로 먹이를 찾는 게 어렵기 때문에 살아남기 힘들다.

집에서 반려동물을 키울 때 필요한 도구

- 사료, 밥그릇, 물통, 담요, 배변판, 목줄 등

동물의 권리

- 권리 : 어떤 일을 스스로 자유롭게 하거나 누릴 수 있는 자격
- 사람에게 인권이 있듯이, 동물에게도 동물의 권리가 있다.
- 1924년 앙드레 제로가 발표한 <동물 권리 선언문>
  동물과 인간은 모두 자유로운 생물이므로 똑같은 대우를 받아야 한다고 주장
- 동물 보호의 지름길은 자연 보호
  ⋯› 동물이 살 수 있는 환경을 마련해 주어야 함

자유를 빼앗긴 동물들

- 인간의 즐거움을 위한 동물 공연
- 인간의 보다 나은 삶을 위한 동물 실험

동물 보호를 위해 우리가 할 수 있는 일

- 동물의 삶의 터전인 자연을 보호한다.
- 반려동물을 키우고 싶다면 유기견 보호소에서 입양하거나, 아는 사람에게 분양받는다.
- 모피나 동물 가죽으로 만든 옷은 입지 않는다.
- 동물 실험을 안 하는 착한 회사의 제품을 사용한다.
- 동물 보호 단체에 참여하거나 후원한다.

한 걸음 더!

반려동물등록제

반려동물등록제란 무엇일까요?

반려견과 사람을 연결하는, 보이지 않는 사랑의 끈이에요.

주인이 반려견을 실수로 잃어버리거나, 책임감 없이 내다 버리는 것을 막기 위해 실시하는 제도이지요. 만약 반려견을 등록하지 않을 경우에는 40만 원 이하의 벌금을 내야 하므로 꼭 등록해야 해요.

태어난 지 3개월 이상 지나야 등록할 수 있어요!

어디서 등록하나요?

먼저 반려견 주인이 동물과 함께 병원에 가서 등록해요. 그런 뒤 전국 시·군·구청에 등록하는 일은 병원에서 해 주지요.

등록 신청

전자칩 또는 무선 장치 등을 부착

동물 등록증 발급

어떻게 등록하나요?

① 몸속에 넣는 전자칩
주사기를 이용하여 쌀알만 한 크기의 전자칩을 강아지 몸에 직접 넣는 방법이에요.

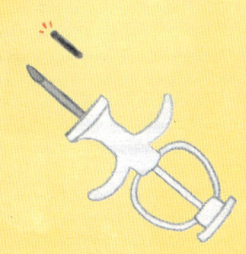

② 목걸이형 무선 장치
반려견의 정보가 입력된 장치를 목에 거는 방법이에요. 이 방법은 목걸이를 잃어버리지 않게 항상 주의해야 해요.

③ 등록 인식표
보호자가 가지고 있는 목걸이에 등록 번호와 이름, 연락처 등을 새기는 방법이에요.

반려동물을 등록하면 어떤 점이 좋을까요?

개를 잃어버렸을 때 '동물보호관리시스템'을 통해 주인을 쉽게 찾을 수 있지요. 동물보호관리시스템은 반려동물 분실 신고, 유기 동물 입양 안내, 동물 등록 확인, 전국 동물 보호 센터, 동물 보호법 등이 안내되어 있답니다.

고양이도 곧 등록제를 실시할 예정이래.

5화
위기에 빠진 지구촌 동물

환경 자연 파괴와 동물 멸종

- 이미 멸종된 동물
- 오늘날 멸종 위기 동물이 생기는 이유
- 멸종 위기 동물에는 어떤 것이 있을까?
- 멸종 위기 동물을 되살려라!

한눈에 쏙 - 자연 파괴와 동물 멸종
한 걸음 더 - 국내외 동물 및 자연 보호 단체

이미 멸종된 동물

멸종이란 무엇일까요?

지구에서 살던 생물이 영원히 사라지는 것을 멸종이라고 해요.

멸종 동물 중 가장 유명한 건 뭐니 뭐니 해도 공룡이에요. 공룡은 인간이 지구에 나타나기 훨씬 전에 사라졌지요. 코끼리의 조상인 매머드는 인간과 함께 살다가 멸종되었어요.

滅 種
없어질 멸 씨 종

사람의 욕심 때문에 멸종된 동물

지구에서 한 시대의 주인공이던 공룡은 어떻게 한순간에 몽땅 사라졌을까요? 대다수의 학자들은 거대한 운석*과 지구가 충돌했기 때문이라고 주장해요. 이는 분명 인간에 의한 멸종이 아니지요. 인간이 이 세상에 나타나기 훨씬 이전의 일이니까요. 하지만 공룡 이외에 수많은 멸종 동물은 대부분 인간에 의해 사라진 경우랍니다.

★ 운석 우주에서 지구로 떨어진 돌

도도 모리셔스 섬에 살던 도도는 사람들이 그 섬에 들어가 살게 된 뒤 200년도 채 안 되어 사라졌어요. 사람뿐만 아니라 돼지와 개 등 여러 가축에게까지 무참히 사냥당했지요.

도도는 둥지를 바닥에 짓고, 날지도 못했기 때문에 쉽게 잡혔어요. 결국 1681년에 멸종되었답니다.

스텔러바다소 1741년에 러시아의 베링 탐험대가 처음 발견한 뒤, 27년 만에 멸종되었어요. 베링 해협 근처를 탐험하던 사람들과 사냥꾼들이 보이는 대로 잡아갔기 때문이에요. 사람들은 스텔러바다소를 잡아먹고, 남은 가죽과 기름도 사용했어요.

한 동물이 사라지면 다른 동물도 사라져요!

보통 한 동물이 멸종하면 그 동물을 잡아먹고 살던 또 다른 동물이 연달아 함께 멸종하는 경우가 많아요. 늘 먹던 동물이 사라지자, 먹을 것이 없어 굶어 죽는 것이지요. 따라서 우리는 모든 종을 아끼고 보호해야 해요.

인간들이 내 밥인 매머드를 모두 잡아 죽여서 나까지 멸종됐어.

검치호

오늘날 멸종 위기 동물이 생기는 이유

지구는 동물과 인간이 더불어 살아가는 곳이에요. 그러나 인간의 끝없는 욕심은 동물들을 괴롭히는 결과를 낳았지요. 오늘날 동물들은 각종 개발로 인한 서식지 파괴, 환경 오염, 인구 증가 등의 이유로 힘들게 살고 있어요.

환경 오염과 지구 온난화

자동차와 공장에서 나오는 이산화탄소와 메탄가스는 환경 오염을 일으켰어요. 이에 적응하지 못한 동물들은 죽어 갔지요. 또 화석 연료인 석탄과 석유의 사용으로 지구 온난화가 심해지자 기후가 변하기 시작했어요. 달라진 기후에 적응하지 못한 수많은 동물들은 결국 멸종 위기에 놓이고 말았지요.

서식지 파괴

사람들이 도시를 만들고 숲을 파괴하여 새로운 장소를 만들자, 동물들은 보금자리를 잃고 말았어요.

또한 열대 우림의 숲이 농경지나 도시로 바뀌면서 수많은 야생 동물들이 위기에 처했지요.

급격한 인구 증가

앞에서 얘기한 환경 오염과 서식지 파괴는 인구수가 점점 늘어나는 것과 관련이 있어요. 사람이 많아지면 자원을 사용하는 양도 자연스럽게 늘어날 테니까요.

현재 인구수가 빠르게 늘고 있는 만큼, 앞으로의 환경 오염 또한 더욱 심해질 것으로 예상하고 있어요.

외래종의 공격

다른 나라에서 들어온 낯선 생물들이 토종 생물을 마구 잡아먹어 생태계를 어지럽히고 있어요.

TIP

외국 동식물은 우리나라에 어떻게 들어온 걸까요?

현재 우리나라에 들어온 외래종은 주로 키워서 먹거나 가죽과 털을 얻기 위해, 또는 애완용으로 수입한 것들이에요. 그중에서 뉴트리아, 붉은귀거북, 황소개구리, 큰입배스 등이 토종 동물을 잡아먹고 생태계의 질서를 무너뜨리고 있지요.

따라서 국내에 외래종을 들여올 때는 철저하게 조사하고 감시해야 해요.

토종 동식물에 피해를 주는 외래종을 제거하는 모습

멸종 위기 동물에는 어떤 것이 있을까?

우리나라에 살고 있는 야생 생물 중 멸종 위기 생물로 지정되어 보호받고 있는 생물은 총 246종이에요. 이 중 동물은 거의 절반이 넘는 166종이고, 그중에서도 조류가 61종으로 가장 많은 수를 차지하고 있어요.

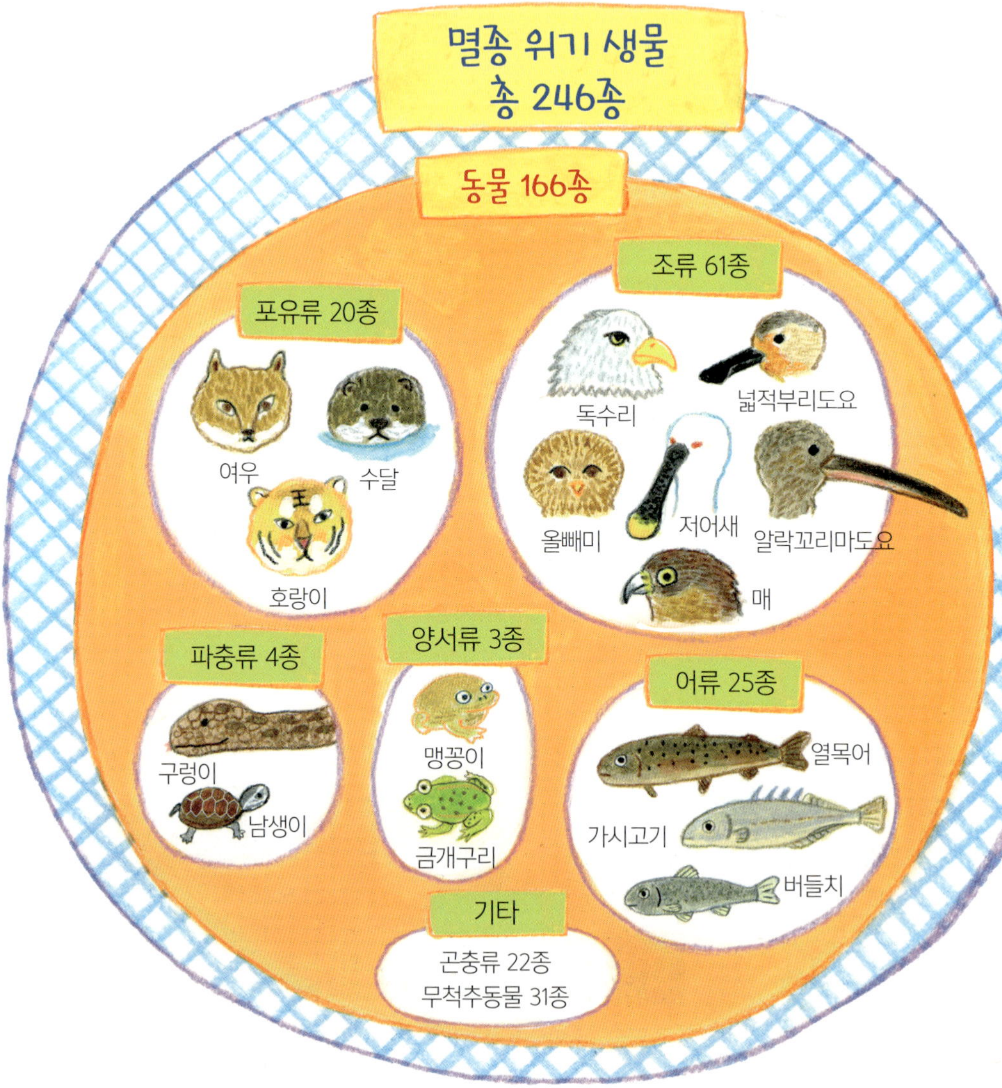

멸종 위기 생물
총 246종

동물 166종

포유류 20종
여우, 수달, 호랑이

조류 61종
독수리, 넓적부리도요, 올빼미, 저어새, 알락꼬리마도요, 매

파충류 4종
구렁이, 남생이

양서류 3종
맹꽁이, 금개구리

어류 25종
열목어, 가시고기, 버들치

기타
곤충류 22종
무척추동물 31종

적색목록 멸종 위기 야생 동물

적색목록은 멸종 위기에 처한 야생 동물을 보호하기 위해 국제자연보호연맹(IUCN)에서 만든 목록이에요. 멸종 위기의 정도에 따라 절멸, 야생 절멸, 위급, 위기, 취약, 준위협 등으로 나누어 보호하고 있어요.

절멸 | 마지막 개체가 죽은 상태

황금두꺼비

야생 절멸 | 야생에서 마지막 개체가 죽은 상태

긴칼뿔오릭스

위급 | 야생에서 최고로 심각한 위기 상태

쌍봉낙타

위기 | 야생에서 매우 높은 위기 상태

바다수달

취약 | 야생에서 비교적 높은 위기 상태

고래상어

준위협 | 가까운 미래에 멸종이 우려되는 상태

코뿔새

자연 파괴와 동물 멸종 • 97

 ## 멸종 위기 동물을 되살려라!

동물들이 하나둘 사라지면 사람도 살 수 없어요. 한 종류의 동물이 없어지면 그와 관계되는 다른 동물도 영향을 받기 때문이에요. 다양한 동물들이 연달아 영향을 받다 보면, 그 피해는 결국 인간에게까지 오게 되지요. 그래서 다양한 생물이 함께 살아가는 건 매우 중요한 일이에요.

멸종 위기 동물을 복원하라!

사람들은 오늘날 멸종 위기에 놓인 동물들을 보호하기 위해 환경 오염을 줄이고, 몰래 사냥하는 사람들을 감시하며, 자연을 보호하는 등 다양한 노력을 기울이고 있어요.

그중 가장 눈에 띄는 일은, 멸종 위기 동물이 자연에서 자유롭게 살 수 있도록 하는 '생물 종 복원 사업'이에요.

생물 종 복원 사업은 사라질 위기에 처한 동물을 사람의 손으로 잘 기른 뒤, 야생에 적응할 수 있도록 일정 기간 훈련을 시킨 다음 자연으로 돌려보내 주는 일이에요.

우리나라에서는 반달가슴곰, 산양, 여우, 늑대, 황새 등의 동물을 복원하려고 노력하고 있어요.

먹이 찾는 연습을 열심히 했으니, 자연에서 잘 살아갈 수 있을 거야!

우선 이 동물들이 잘 살려면 자유롭게 쉴 수 있는 서식지가 필요해요. 그래서 반달가슴곰은 지리산에, 산양은 설악산에, 여우는 소백산에 풀어 놓고 멸종 위기에서 벗어날 수 있도록 노력하고 있지요.

생물 종 복원 사업을 잘 운영한다면 동물과 인간이 오랫동안 지구촌에서 함께 살 수 있을 거예요.

동물을 자연으로 돌려보낸 뒤에도 꾸준히 살펴야 해.

소백산에 자연 방사되는 여우

방사한 여우가 다친 것을 발견한 뒤 치료한 장면

멸종 위기 동물과 천연기념물은 달라요!

멸종 위기 동물은 생명을 위협하는 어떠한 원인으로 인해 숫자가 빠르게 줄어들어, 사라질 위험에 놓인 야생 동물을 말해요. 천연기념물은 학문적, 또는 예술적인 가치가 높아서 법률로 보호하기로 지정한 모든 것을 뜻해요.
따라서 천연기념물에는 동물뿐만 아니라 동물의 서식지, 식물, 식물이 사는 곳, 땅이나 돌 등 다양한 것이 지정될 수 있답니다.

자연 파괴와 동물 멸종

멸종이란?
- 지구에서 살던 생물이 영원히 사라지는 것
  - 대표 멸종 동물 : 공룡, 도도, 스텔러바다소 등
- 멸종을 막아야 하는 이유
  - 한 동물이 멸종하면, 그 동물을 잡아먹고 살던 또 다른 동물이 연달아 함께 멸종하기 때문

동물 멸종 위기의 원인
- 환경 오염과 지구 온난화
- 개발로 인한 서식지 파괴
- 급격한 인구 증가
- 외래종의 공격

적색목록 멸종 위기 야생 동식물
- 멸종 위기에 처한 야생 동물을 보호하기 위해 국제자연보호연맹에서 만든 목록
- 멸종 위기 정도에 따라 절멸, 야생 절멸, 위급, 위기, 취약, 준위협 등으로 나누어 보호

생물 종 복원 사업이란?

- 사라질 위기에 처한 동물을 인공적으로 사육한 뒤, 야생에 적응할 수 있도록 일정 기간 훈련을 시킨 다음 자연으로 돌려보내는 일
- 우리나라에서 복원 중인 동물 : 반달가슴곰, 산양, 여우, 늑대, 황새 등

멸종 위기 동물과 천연기념물의 차이

- **멸종 위기 동물**
  생명을 위협하는 어떠한 원인으로 인해 숫자가 빠르게 줄어들어, 사라질 위험이 높은 야생 동물
- **천연기념물**
  학문적, 또는 예술적인 가치가 높아서 법률로 보호하기로 정한 모든 것

국내외 동물 및 자연 보호 단체

그린피스(Greenpeace)

캐나다 환경 보호 운동가들이 핵 실험을 반대하기 위해 1971년에 만든 국제 환경 보호 단체예요. 현재는 네덜란드에 본부를 두고 있으며, 전 세계 55개국에 사무소를 세워 활동 중이지요.

처음에는 핵 실험 반대 운동만 펼쳤지만 현재는 자연 보호, 북극과 해양 보호, 건강한 먹거리 등을 위해 힘쓰고 있답니다.

그린피스의 환경 감시선
바다에서 벌어지는 자연 파괴 현장을 감시하는 배로, 전 세계를 돌며 활동 중이다.

세계자연보호기금(WWF : World Wide Fund for Nature)

야생 동물 및 환경 보호를 위해 만들어진 세계 최대의 민간 환경 단체예요. 1961년에 스위스에서 세워졌으며, 현재 전 세계 80여 나라에 사무소가 있어요.

처음에는 멸종 위기 동물을 보호하기 위한 활동만을 펼쳤으나, 현재는 생태계 보호와 환경 오염을 막는 일에도 힘쓰고 있답니다.

1600 판다+의 세계 여행 프로젝트
야생 동물의 중요성을 알리기 위해 만든 판다 인형으로, 전 세계를 돌며 전시 중이다. 1600은 현재 지구상에 존재하는 판다의 개체 수이다.

동물자유연대

동물의 권리를 보호하고, 동물에 피해를 주는 잔인한 행위를 막기 위해 노력하는 단체예요. 특히 농장 동물, 실험 동물 등을 보호하기 위해 힘쓰고 있어요. 동물 보호가 문화로 정착되어 인간과 동물이 더불어 살 수 있는 문화를 만들기 위해 노력하고 있어요.

동물자유연대의 개 식용 반대 캠페인

동물보호시민단체 카라(KARA : Korea Animal Rights Advocates)

반려동물부터 야생 동물까지 모든 동물의 권리를 위해 힘쓰고, 제대로 된 동물 보호법을 만들기 위해 노력하는 단체예요. 사람과 동물의 올바른 관계 형성과 동물 보호를 위한 활동을 펼치고 있답니다.

동물원 공연으로 고통받고 있는 동물을 보호하기 위한 노력

T!P

NGO (Non-Governmental Organization)

NGO는 '비정부 기구'로, 순수한 민간단체를 가리키는 말이에요. 동물 및 자연 보호 단체들은 대부분 NGO이지요. 이 단체들은 사회적으로 약한 사람이나 생명을 보호하고, 모두가 행복하게 살 수 있는 사회를 만들기 위해 노력해요.

6화
나도 동물 과학자가 될 거야!

인물 **동물**을 연구하고 보호하는 **과학자**

- 동물을 연구하는 과학자
- 거위 아빠 콘래드 로렌츠
- 침팬지의 친구 제인 구달
- 세계 최고의 개미학자 에드워드 윌슨
- 환경 운동의 어머니 레이첼 카슨

한 눈에 쏙 - 동물을 연구하고 보호하는 과학자
한 걸음 더 - 동물과 관련된 직업

 동물을 연구하는 과학자

동물의 행동을 연구하는 동물 행동학

예부터 사람들은 동물의 행동에 관심이 많았어요. 특히 호기심이 많은 이들은 동물의 행동을 주의 깊게 관찰했지요.

그 결과, 동물들이 서로 어떻게 도우며 사는지, 새끼는 어떻게 키우는지 등을 알아냈어요. 이렇게 동물의 행동을 연구하는 학문을 '동물 행동학'이라고 불러요.

동물들이 대화를 나눈다고? - 동물의 언어

학자들은 동물의 행동을 관찰하던 중 동물에게도 그들만의 언어가 있다는 것을 발견했어요. 동물들은 주로 몸짓이나 소리를 통해 서로의 생각을 주고받았지요.

예를 들어, 꿀벌은 꿀을 딸 수 있는 꽃밭을 발견하면 춤을 추어 다른 꿀벌에게 꽃밭이 있는 거리와 방향을 알려 줘요. 반딧불이는 꽁무니에서 내는 불빛으로 의사 표현을 하지요. 새들은 소리 내어 울면서 사랑을 표현하거나 자신의 영역을 알린답니다.

반려동물의 말을 알아보자!

반려동물은 특정한 행동을 통해 주인에게 자신의 생각이나 느낌을 표현해요. 동물들은 우리에게 무슨 말을 하고 싶은 걸까요?

개의 경우

배를 보이며 뒤로 눕는 행동은 놀아 달라는 뜻

등지고 앉는 건 토라진 게 아니라 편안하다는 의미

혼날 때 시선을 돌리거나 하품하는 건 눈치 보는 것

고개를 갸우뚱거리는 건 소리에 집중하는 모습

피부병이 없는데 몸을 긁는 것은 불안하거나 스트레스가 심하다는 뜻

몸을 빠르게 터는 건 스트레스를 풀기 위한 행동

고양이의 경우

반가운 상대를 만났을 때 꼬리를 세움

꼬리를 말고 앉아 있는 건 친근함과 편안함의 표시

화났을 때 꼬리를 좌우로 휘두름

 ## 거위 아빠 콘래드 로렌츠

각인 이론을 발견한 로렌츠

동물 행동학자이자 노벨상 수상자인 콘래드 로렌츠(1903~1989년)는 어린 시절부터 집 정원에 많은 동물을 길렀어요. 개, 긴꼬리원숭이, 기러기, 카나리아, 물고기 등 종류도 다양했지요. 로렌츠의 동물 사랑은 매우 컸어요.

그러던 어느 날, 그는 새끼 거위가 알에서 나오자마자 처음 마주한 자신을 어미로 기억하고(각인) 졸졸 따라오는 것을 보았어요. 그는 이 발견을 더 깊이, 체계적으로 연구하여 세상에 알렸는데, 이게 바로 각인 이론이에요. 이는 그가 키우는 동물들을 끊임없이 관찰하여 마음을 나눈 결과랍니다.

이웃을 놀라게 한 로렌츠의 수상한 행동

로렌츠는 동물과의 교감을 위해 동물처럼 행동한 적이 많아요. 자신이 키우는 동물들과 물속에서 수영을 하거나, 야외에서 함께 잠을 자는 등 항상 가깝게 지내며 보살폈지요.

또한 새들과 비슷한 이상한 울음소리를 내는가 하면, 새끼 오리들을 이끌기 위해 오리 걸음으로 길을 걸어갔지요. 그의 이런 모습에 이웃들은 종종 당황했어요. 하지만 그는 다른 사람의 시선은 신경 쓰지 않고, 애정 어린 눈빛과 열정으로 동물을 대했답니다.

T!P

반려동물이라는 단어는 언제 생겼을까?

1983년 10월, 오스트리아에서 '인간과 애완동물의 관계'를 주제로 한 회의가 열렸어요. 이 회의는 콘래드 로렌츠의 80세 생일을 기념하기 위해 열린 자리였지요. 그때 이 회의에 모인 학자들은 사람과 함께 사는 개, 고양이, 새 등의 애완동물에 가족의 의미를 담아 반려동물이라 부르자고 제안했어요. 반려동물이라는 말은 이때 만들어져 오늘날까지 사용되고 있답니다.

 ## 침팬지의 친구 제인 구달

동물과 함께 사는 꿈을 꾸던 제인 구달

제인 구달(1934년~) 영국 런던에서 태어난 동물 행동학자예요.

어렸을 때부터 동물을 좋아한 제인은 10살이 되자마자, 아프리카에서 동물과 함께 사는 꿈을 꾸었지요.

1957년 우연한 기회로 케냐에 가게 된 제인 구달은 유명한 고생물학자인 루이스 리키 박사와 함께 침팬지 연구를 시작했어요. 1960년부터는 탄자니아 곰비 국립 공원의 밀림에서 야생 침팬지들과 함께 지내며 본격적인 침팬지 연구를 했지요.

우리 인간이 지구상에서 가장 지적인 존재라고 하면서 어떻게 이 지구를 파괴할 수 있나요?

침팬지를 연구하는 동물 행동학자

제인 구달은 40년 이상 오랜 기간 동안 침팬지를 연구했어요. 그녀는 침팬지를 따뜻한 시선으로 관찰하며 놀라운 발견을 했지요.

어느 날 제인 구달은 침팬지들이 나뭇가지를 꺾은 후 나뭇잎을 떼어 내고 흰개미 굴속에 집어넣는 것을 보았어요. 침팬지들은 잠시 뒤 나뭇가지를 빼서 거기에 달라붙은 흰개미를 먹었지요. 인간만 도구를 이용한다고 생각한 당시의 이론을 뒤집는 놀라운 발견이었어요.

침팬지가 야채나 과일뿐 아니라 고기도 먹는다는 사실도 알아냈어요. 또한 싸움을 벌여 목숨을 빼앗는 형태의 전쟁을 한다는 사실도 밝혀냈고, 고아를 데려다 키우는 따뜻한 모습도 관찰했답니다.

오랑우탄을 관찰 중인 제인 구달

제인 구달 연구소

제인 구달은 젊은 시절의 침팬지 연구의 결과물을 바탕으로 1977년, 제인 구달 연구소를 세웠어요. 그녀는 이 연구소에서 야생 동물을 보호하고 연구하기 위해 노력했지요.

제인 구달은 더 나아가 1986년 이후부터 지금까지 전 세계를 돌아다니며 동물 보호와 환경 보호 운동을 적극적으로 펼치고 있답니다.

 세계 최고의 개미학자 에드워드 윌슨

개미 연구가 에드워드 윌슨

에드워드 윌슨(1929년~)은 미국 앨라배마 주 버밍엄에서 태어났어요. 그는 개미에 관한 연구로 크고 작은 상을 여러 번 받았지요. 《개미》와 《인간 본성에 대하여》와 같은 책을 쓰기도 했어요. 그는 어떻게 작은 개미에 관심을 갖게 되었을까요?

관찰의 힘

윌슨은 어릴 때부터 생물에 관심이 많은 호기심 가득한 아이였어요. 그러던 어느 날, 낚시를 하다가 물고기 지느러미에 눈을 찔리는 사고를 당했어요. 병원에 가야 할 정도의 큰 아픔이 있었지만, 그는 물고기를 살펴보는 게 재미있어서 아픔을 꾹 참고 버텼지요. 안타깝게도 그는 이 사건 때문에 오른쪽 눈의 시력을 잃었어요.

윌슨은 시력이 나빠지자 작은 곤충에 집중하기 시작했어요. 한쪽 눈으로는 원근감*을 잘 느낄 수 없기 때문에 크고 멀리 있는 동물들은 관찰하기 어려웠기 때문이에요.

특히 바닥에 기어 다니는 개미를 자세히 관찰했어요. 이는 개미 연구에 빠져드는 계기가 되었답니다.

★ **원근감** 멀고 가까운 거리에 대한 느낌

생물 다양성과 환경 보호 운동

 윌슨은 《생명의 다양성》이라는 책을 쓴 뒤, 생물 다양성의 아버지라 불리게 되었어요. 그는 연구를 통해, 사람이 지구에서 오래 살려면 모든 생물이 멸종하지 않고 다양하게, 함께 사는 것이 중요하다는 사실을 깨달았지요. 그 후로 그는 자연 보호 운동에 앞장서고 있답니다.

인간은 커다란 우주에 존재하는 수많은 생명체 중 하나입니다.

환경 운동의 어머니 레이첼 카슨

작가가 꿈이었던 동물학자

레이첼 카슨(1907~1964년)은 미국 펜실베이니아 주의 시골 마을에서 태어났어요. 작가가 꿈이었던 그녀는 그 꿈을 이루기 위해 영문학을 배우기 시작했지요.

어느 날 그녀는 동물학 강의를 듣고, 생물학에 관심을 갖게 되었어요. 그 후에 전공을 생물학으로 바꾼 뒤, 동물학자의 길을 걸었답니다.

해양 생물학자와 편집자

카슨은 대학 졸업 후, 과학자이자 편집자로 15년 동안 일했어요. 미국 어류 야생 동물국에서 출판하는 모든 책을 편집했지요. 이때부터 그녀는 해양 생물학에 대해 깊이 알게 되었어요.

카슨은 대중 과학 작가로도 명성을 얻었어요. 주로 살아 있는 자연 세계의 경이로움과 아름다움을 알려 주기 위한 글을 썼지요. 어렸을 때의 꿈을 이룬 셈이었어요.

해양 생물을 연구 중인
레이첼 카슨(오른쪽)

20세기를 변화시킨 환경 운동가

카슨은 1962년에 인류의 환경 역사를 바꾼 책 《침묵의 봄》을 썼어요. 과학의 발달로 인해 일어나는 여러 환경 오염에 대한 경고를 담은 책이지요.

아름다운 자연 속 마을이 마치 마법사의 저주에 걸린 듯 생물들이 생명을 잃어 가는 내용으로 시작하여, 디디티(DDT)와 같은 살충제와 농약이 곤충·새·물고기·인간에게 미치는 결과를 알리고 있지요. 카슨은 이 책을 통해 사람들에게 경각심*을 일깨워 주고 싶었던 거예요.

〈타임〉지에서 선정한 20세기를 변화시킨 인물 100명에 뽑힌 카슨의 환경 운동은 지금도 이어지고 있답니다.

자연이 파괴되면 봄이 와도 새가 울지 않을 거야.

★ **경각심** 정신을 차리고 주의 깊게 살피며 조심하는 마음

T!P 지구의 날

매년 4월 22일은 지구의 날이에요. 지구의 환경 오염이 심각하다는 것을 알리기 위해 미국의 자연 보호자들이 만든 날이지요. 이들은 레이첼 카슨의 《침묵의 봄》을 보고 환경 오염의 심각성을 깨달은 사람들이었어요.
지구의 날은 1970년에 미국에서 시작되었고, 1990년부터는 전 세계적으로 기념하고 있답니다.

동물을 연구하고 보호하는 과학자

동물 행동학이란?
- 동물의 행동을 연구하는 학문

동물의 언어
- 동물들은 주로 몸짓이나 소리를 통해 서로의 생각을 주고받음

콘래드 로렌츠
- 어린 시절부터 다양한 동물들과 가깝게 지내며 보살핌
- 각인 이론 : 갓 태어난 새끼들이 처음 마주한 대상을 어미로 기억하는 현상
- 1983년, 그의 80세 생일을 기념하기 위해 여러 동물학자들이 모인 자리에서 '반려동물'이란 단어를 사용하자고 처음 제안

제인 구달
- 우연한 기회로 케냐에 가서 침팬지 연구를 시작
- 1960년부터 탄자니아 곰비 국립 공원에서 본격적인 침팬지 연구 시작
- 40년 이상 동물을 연구해 온 결과물을 바탕으로 '제인 구달 연구소'를 세움
- 현재 전 세계를 돌며 동물 보호와 환경 보호 운동을 적극적으로 펼치는 중

에드워드 윌슨
- 어렸을 때 생물에 관심이 많았으나 사고로 한쪽 시력이 나빠져 작은 곤충을 가까이 관찰하며 놂
- 《생명의 다양성》: 사람이 지구에서 오래 살려면 모든 생물이 멸종하지 않고 함께 사는 것이 중요하다고 주장하는 책
- 생물 다양성의 아버지로 불림

레이첼 카슨
- 작가가 꿈이었으나, 대학 시절 생물학에 관심이 생겨 동물학자가 됨
- 해양 생물학에 대해 깊이 있게 공부함
- 살아 있는 자연 세계의 경이로움에 대한 글을 쓰며 대중 과학 작가로 명성을 얻음
- 《침묵의 봄》: 과학의 발달로 인해 일어나는 여러 환경 오염에 대해 경고하는 책
- 환경 운동의 어머니로 불림

지구의 날
- 매년 4월 22일
- 지구의 환경 오염의 심각성을 알리기 위해 자연 보호자들이 만든 날

한 걸음 더!

동물과 관련된 직업

● 동물을 연구하고 훈련시키는 직업

동물학자

동물의 생태, 행동, 심리 등을 연구하는 학자예요. 주로 대학과 대학원에서 생물학을 전공하지요. 생물학을 배우다 보면, 관심 있는 분야를 더욱 깊게 연구하게 돼요. 각자의 관심 분야에 따라 포유류학자, 조류학자, 곤충학자, 어류학자 등 한 분야에 더욱 전문성을 띤 학자가 될 수 있답니다.

기능견 조련사

기능견을 훈련시키는 사람이에요. 기능견에는 경찰 업무에 도움을 주는 경찰견, 공항에서 마약을 찾는 마약 탐지견, 재난 속에서 사람을 구하는 구조견, 맹인의 길 안내를 돕는 맹인 안내견 등이 있지요. 개의 특정한 기능을 길러야 하므로 매일 같은 훈련을 반복해야 해요. 그러려면 조련사의 인내심은 필수겠지요?

동물 사육사

동물을 돌보고 훈련시키는 사람이에요. 주로 대학에서 축산학이나 수의학, 동물 관련 학과를 전공해야 해요.

동물 사육사는 대부분 동물원에서 일해요. 동물을 훈련시키는 것은 물론, 건강을 살피고, 각 동물에 알맞은 먹이를 주고, 동물이 사는 곳을 청소하는 일도 하지요.

동물원에는 매우 다양한 동물이 있기 때문에 여러 종에 대한 지식과 이해가 필요해요. 그러려면 동물 공부를 열심히 해야겠지요?

아쿠아리스트

대형 수족관에 사는 해양 생물들을 돌보는 사람이에요. 주로 대학에서 해양 생물 및 해양 생태학을 전공하지요.

수조를 항상 깨끗하게 관리하고, 동물들에게 알맞은 먹이를 준비하는 것도 아쿠아리스트의 몫이에요.

물속에서 활동해야 하므로, 수영이나 스쿠버다이빙을 배우면 도움이 돼요.

● 동물을 치료하고 보호하는 직업

수의사

동물 병원에서 아픈 동물을 치료해 주는 의사예요. 병에 걸리지 않도록 예방하고, 건강을 관리하는 일도 하지요.

수의사가 치료의 손길을 뻗을 때, 말 못하는 동물들은 자신을 해치려는 줄로 오해하여 물고 할퀴는 경우가 있어요. 따라서 동물이 안정감을 느낄 수 있게 대하는 태도와 마음가짐이 필요하지요.

대학에서 수의학과를 전공하여 국가시험에 합격하면 수의사가 될 수 있어요.

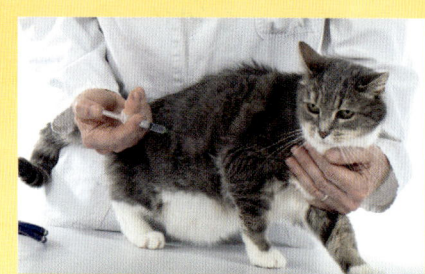

수의테크니션

동물 병원에서 수의사의 진료를 보조하는 사람이에요. 일반 병원의 간호사와 비슷한 일을 하지요. 소변 검사, 피 검사, 엑스레이 검사 등을 하거나, 간단한 응급 치료를 해요. 동물 간호학을 배우면 수의테크니션이 되는 데 도움이 된답니다.

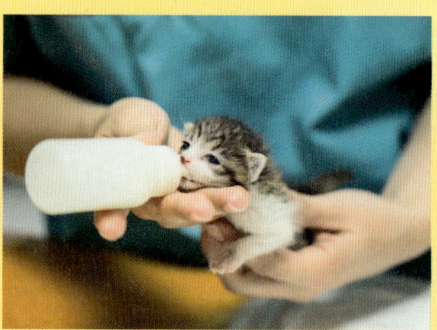

야생 동물 재활사

사고를 당해 다친 야생 동물을 구조하고 치료한 뒤, 야생으로 돌려보내는 일을 해요. 동물의 다친 부분에 알맞은 치료를 하고 다시 잘 걷고, 잘 날 수 있도록 재활 훈련을 시키지요.

주로 각 지역 야생 동물 구조 센터에서 일하며, 대학에서 동물 관련 학과를 전공한 뒤 야생 동물의 재활에 대한 지식과 경험을 쌓으면 야생 동물 재활사가 될 수 있답니다.

동물 보호 보안관

동물 학대를 예방하고 보호하기 위해 생긴 직업이에요. 동물 학대에 대한 신고가 들어오면, 동물 보호 보안관들이 출동하여 동물을 구조하거나 동물 주인에게 주의를 주는 일을 하지요. 상황에 따라서는 주인을 법적으로 처리하기도 해요. 아직 우리나라에는 없지만 반려동물의 수가 늘고 있는 만큼, 조만간 국내에서도 볼 수 있을 것으로 예상돼요.

판매를 위하여 끊임없이 새끼를 낳게 하는 번식장 (강아지 공장)에서 고통받는 개들

한 걸음 더!

● **반려동물과 관련된 직업**

애견 미용사

동물을 깨끗하게 가꾸는 직업이에요. 주로 털을 예쁘게 깎거나 목욕을 시켜 주는 일을 하지요. 동물의 몸을 구석구석 살펴보며 털 상태나 건강 상태 등도 확인해야 해요.

동물 관리 학과나 애견 미용 전문 학원을 다닌 후 애견 미용사 자격증을 따면 할 수 있어요.

펫시터

주인 대신 반려동물을 돌봐 주는 사람이에요. 주인이 바쁘거나 오랜 시간 집에 들어오지 못할 때, 요청한 시간만큼 동물을 돌봐 주지요.

주인의 요구에 따라 반려동물을 산책시키거나 먹이를 챙겨 주는 등의 일도 한답니다.

포펫 운영자

반려동물을 키우는 데 필요한 용품을 판매하는 사람이에요. 각각의 반려동물의 특징에 맞는 사료나 물품을 추천하기도 하지요.
요구되는 특별한 자격은 없지만, 반려동물에 대한 정보를 잘 알고 있으면 일하는 데 도움이 되겠지요?

반려동물 장의사

반려동물이 병이나 사고 등으로 죽었을 때, 동물의 시체를 위생적으로 처리한 뒤 장례 과정을 도와주는 사람이에요. 반려동물을 잃은 사람들을 위로하고, 죽은 동물과 잘 이별할 수 있도록 돕지요.
수의사 협회에서 실시하는 동물 장례에 관한 교육을 들으면 반려동물 장의사가 되는 데 도움이 돼요.

1화 까칠한 식구가 생기다!

1 옛날에는 집에서 키우는 동물을 애완동물이라고 불렀어요. 하지만 요즘은 반려동물이라고 하지요. 애완동물과 반려동물은 어떻게 다른가요? <small>서술형 문항 대비 ✓</small>

伴 侶   愛 玩
짝 반 짝 려   사랑 애 즐길 완

----

2 반려동물을 집에 데려오기 전에는 꼭 확인해야 할 사항들이 있어요. 다음 중 잘못 말하고 있는 사람은 누구일까요?

① 평생 책임질 마음의 준비가 되어 있어야 해.
② 가족 구성원 중 한 명 정도는 반대해도 돼. 반려동물을 실제로 보면 마음이 달라질 테니까.
③ 반려동물을 잘 훈련시킬 자신이 있어야 해.
④ 데려올 동물의 습성이나 주의 사항에 대하여 꼼꼼하게 알아 둬야 해.

3 다음 중 개에 대한 설명으로 틀린 것을 고르세요.

① **후각**
가장 뛰어난 감각으로, 냄새를 맡는 세포의 수가 사람의 약 44배나 돼요.

② **청각**
사람보다 4~8배나 좋아요.

③ **발바닥 패드**
발바닥 패드에도 털이 있기 때문에 자주 잘라 줘야 해요.

④ **달리기**
가장 빨리 달리는 개는 일반 자동차의 속도와 비슷해요.

4 여러 반려동물과 각 동물에 해당하는 특징을 알맞게 짝지어 보세요.

 ①

 ②

 ③

 ④

㉠ 여과기가 있으면 더욱 깨끗한 환경에서 관찰할 수 있어요.

㉡ 위험을 느끼면 몸을 웅크리고 가시를 세워 몸을 보호해요.

㉢ 귀는 약한 부분이기 때문에 잡아당기면 절대 안 돼요.

㉣ 깃털이 예뻐서 주로 감상하기 위해 키워요.

2화 까칠이도 동물, 나도 동물?

1 생물은 생명을 가지고 살아가는 물체예요. 아래 생물에 대한 설명 중 틀린 것을 고르세요.

① 먹이를 먹고 에너지를 만든다.

② 점점 자란다.

③ 자손을 낳는다.

④ 생물은 인간과 동물, 2종류뿐이다.

2 다음은 척추동물과 무척추동물에 대한 설명이에요. 빈칸에 들어갈 말로 알맞은 말을 써 보세요.

지구에는 다양한 동물이 살고 있어요. 동물은 등뼈, 즉 (　　　　)가 있느냐 없느냐에 따라 척추동물과 무척추동물로 나뉘어요.
　(　　　　　)은 몸이 잘 발달되어 구조가 복잡해요. (　　　　　　)은 몸의 구조가 매우 단순하지만 생존력과 번식력이 뛰어나 지구상에서 가장 많이 번성했답니다.

3 척추동물에 대한 설명 중 틀린 것을 고르세요.

① 척추동물은 포유류, 조류, 어류, 3가지로 나눌 수 있다.
② 포유류는 체온이 일정하고, 새끼를 낳는다.
③ 조류는 깃털과 날개가 있다.
④ 어류는 아가미로 호흡하고, 알을 낳는다.

4 동물은 다양한 곳에 살지요. 다음 중 동물과 서식지가 잘못 짝지어진 것을 고르세요.

① 숲 – 다람쥐

② 초원 – 기린

③ 북극 – 펭귄

④ 사막 – 낙타

3화 까칠이가 늑대였다고?

1 가축은 인간이 생활하는 데 도움을 얻기 위해 키우는 동물이에요. 석기 시대의 가축에 대한 설명으로 틀린 것을 고르세요.

① 인간이 농사를 짓고 한곳에 모여 살면서 키우기 시작했다.
② 돈을 벌기 위해 키웠다.
③ 야생 동물이었던 염소, 돼지, 닭, 거위 등 20여 종을 길들였다.
④ 고기를 먹고 싶을 때 바로 먹을 수 있게 됐다.

2 가축들이 걸리는 질병인 구제역이나 조류 독감은 안타깝게도 치료법이 없어요. 따라서 더 큰 전염을 막기 위해 주로 땅에 묻거나 불로 태우지요. 공주와 미소의 대화를 읽고, 여러분의 생각을 써 보세요. 서술형 문항 대비 ✓

구제역이나 조류 독감이 더 널리 퍼지기 전에 병에 걸린 동물을 빨리 땅에 묻는 게 좋을 것 같아.

병에 걸린 가축을 모두 죽이는 게 최선의 방법일까? 그건 너무 잔인한 것 같아.

_____
_____
_____
_____

3 다음 빈칸에 들어갈 말로 알맞은 것을 고르세요.

> 토종 가축은 우리나라 고유의 유전 특성과 순수 혈통을 유지하며 사육한 가축을 뜻해요. (㉠)는 여러 협회의 심사를 거친 토종 가축을 (㉡)과 구별하기 위해 심사하고 인정해 주는 제도랍니다.

① ㉠ 토종 가축 인정 제도, ㉡ 외래종
② ㉠ 토종 구별 제도, ㉡ 토종 식물
③ ㉠ 순수 혈통 제도, ㉡ 친환경 식물
④ ㉠ 고유 유전 인정 제도, ㉡ 유전자 변형 가축

4 한반도에는 각 지역에서 길러 낸, 순수 혈통의 토종 개가 있어요. 토종 개와 그에 알맞은 지역을 짝지어 보세요.

진돗개 ①   ㉠ 경상북도 경산

삽살개 ②   ㉡ 북한 함경도 지방

풍산개 ③   ㉢ 전라남도 진도

4화 반려동물을 보호해요

1 반려동물을 돌볼 땐 책임감이 꼭 필요해요. 다음 중 책임감 없는 사람의 행동을 모두 고르세요.

① 매일매일 먹을 것을 주고, 배설물을 치워 주었다.
② 더 이상 기를 수 없게 된 반려동물을 밖에 버렸다.
③ 귀여운 새끼일 때만 열심히 보살폈다.
④ 심한 병에 걸려서 동물 병원에 데려갔다.
⑤ 반려동물을 잃어버리자마자, 다른 반려동물을 구하러 펫샵에 갔다.

2 다음은 동물원에 있는 돌고래에 대한 기사예요. 이 기사를 읽고, 자유를 되찾은 제돌이의 입장에서 사람들에게 편지를 써 보세요.

…한편 현재까지 동물원에 남아 있는 남방큰돌고래는 대포, 금등, 비봉, 총 3마리로 모두 제주 앞바다에서 불법으로 잡아 온 것들이다.
이에 한 동물 보호 단체는 "제돌이가 야생으로 돌아가기 위한 훈련을 받을 때, 함께 있던 대포와 금등이도 야생에 적응할 수 있는 가능성을 보여 주었다"며 남아 있는 돌고래들도 제주 바다로 돌려보내 줄 것을 요구했다.…

3 다음 동물의 권리에 대한 설명 중 틀린 것을 고르세요.

① 사람에게 인권이 있듯이 동물에게도 권리가 있다.
② 동물 보호의 지름길은 자연을 보호하는 것이다.
③ 인간의 즐거움을 위한 동물 공연은 동물을 괴롭히는 일이다.
④ 인간의 보다 나은 삶을 위한 동물 실험은 올바른 일이다.

4 지구에 살고 있는 동물을 보호하기 위해 우리가 할 수 있는 일이 많이 있어요. 다음 중 동물 보호를 위한 일이 아닌 것을 고르세요.

① 동물 보호 단체에 참여하거나 후원해요.

② 모피나 동물 가죽으로 만든 옷은 입지 않아요.

③ 모든 동물을 장난감이라고 생각하며 놀아 줘요.

④ 동물 실험을 안 하는 착한 회사의 제품을 사용해요.

5화 위기에 빠진 지구촌 동물

1 지구에서 살던 생물이 영원히 사라지는 것을 멸종이라고 해요. 다음 멸종에 대한 설명 중 틀린 것을 고르세요.

① 인간의 욕심 때문에 멸종되는 동물이 많다.
② 한 동물이 멸종하면, 그 동물을 잡아먹고 살던 또 다른 동물이 연달아 멸종하는 경우가 있다.
③ 멸종 동물로는 도도, 스텔러바다소 등이 있다.
④ 공룡은 인간의 과도한 사냥으로 멸종되었다.

2 다음 중 멸종 위기 동물이 생기는 이유로 바르지 않은 것은 무엇일까요?

① 서식지 파괴

② 지구 온난화

③ 맹수의 공격

④ 환경 오염

3 앞에서 동물이 멸종 위기에 처하는 다양한 원인에 대해 살펴보았어요. 그 원인을 토대로 우리가 동물을 보호하기 위해 할 수 있는 일들을 생각해 봐요. `서술형 문항 대비` ✓

---

4 다음은 생물 종 복원 사업에 대한 설명이에요. 빈칸에 들어갈 알맞은 말을 〈보기〉에서 찾아 써 보세요.

> 생물 종 복원 사업은 사라질 위기에 처한 동물을 사람 손으로 기른 뒤, (　　　)에 적응할 수 있도록 일정 기간 동안 (　　　)을 시킨 다음 자연으로 돌려보내는 일이에요.

보기
　　집　　야생　　도시　　차단　　훈련　　사람의 손길

 # 6화 나도 동물 과학자가 될 거야!

1 다음 글에서 설명하는 학문은 무엇일까요?

> 예부터 사람들은 동물에 관심이 많았어요. 특히 호기심이 많은 이들은 동물의 행동을 주의 깊게 관찰했지요. 그 결과, 동물들이 서로 어떻게 도우며 사는지, 새끼는 어떻게 키우는지 등을 알아냈어요. 이러한 학문을 (　　　)이라고 불러요.

① 동물 언어학　　　　　　　② 동물 생활학

③ 동물 교류학　　　　　　　④ 동물 행동학

2 미소는 제인 구달을 조사한 뒤, 다음과 같은 발표문을 작성했어요. 그런데 발표하기 바로 전에 종이가 찢어졌지 뭐예요? 당황한 미소를 위해, 아래 보기 중에서 찢어진 부분에 알맞은 단어를 골라 써 주세요.

> 저는 제인 구달을 닮고 싶습니다. 아프리카에서 오랫동안 　　　 의 행동을 연구하며 동물들과 진정으로 소통하는 모습이 정말 아름다웠습니다.
> 제인 구달은 현재 　　　 를 세워 야생 동물을 보호하기 위해 노력하고 있습니다. 더 나아가 전 세계를 돌며 동물 보호와 환경 보호를 위해 활동하는 모습은 본받을 만하다고 생각합니다.

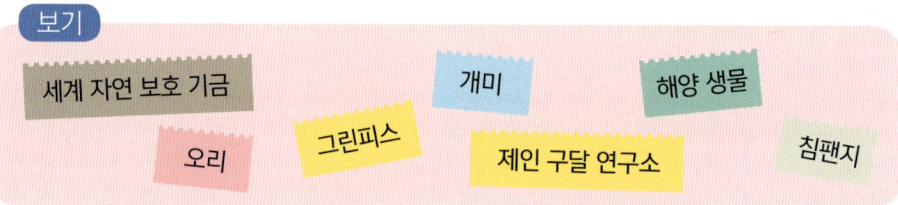

보기: 세계 자연 보호 기금 / 개미 / 해양 생물 / 오리 / 그린피스 / 제인 구달 연구소 / 침팬지

3 동물을 연구한 과학자와 그와 관련 있는 설명이 올바르지 않은 것을 고르세요.

① 콘래드 로렌츠의 각인 이론

② 제인 구달의 진화론

③ 에드워드 윌슨의 《생명의 다양성》

④ 레이첼 카슨의 《침묵의 봄》

4 매년 4월 22일은 지구의 날이에요. 이날이 되면 전 세계 사람들은 소중한 지구를 생각하며 자연 보호를 위한 행동을 실천하지요. 여러분도 자연을 위해 실천할 수 있는 행동을 생각하고 써 봐요. 서술형 문항 대비

 내 방 전등을 1시간 동안 끌 거야. 에너지를 조금이라도 아낄 수 있게.

일회용품을 사용하지 않을 거야. 자원을 아껴야지.

나는 _____
_____

정답 및 해설

1화

1. 반려동물은 사람과 마음을 나누며 더불어 사는 동물이에요. 애완동물은 즐거움을 얻기 위해 기른다는 의미가 강해서 반려동물이라고 바꿔 부르기 시작했어요.

⋯ 반려동물과 애완동물의 뜻을 비교하여 답하면 돼요. (☞16쪽)

2. ②

⋯ 가족 구성원 중 반대하는 사람이 있으면 데려와서는 안 돼요. 모든 가족의 의견은 중요하니까요. (☞19쪽)

3. ③

⋯ 강아지의 발바닥 패드에는 털이 자라지 않아요. (☞21쪽)

4. ①-ㄴ ②-ㄷ ③-ㄱ ④-ㄹ

⋯ 동물의 생김새와 사는 곳을 살펴보면 답을 알 수 있어요. (☞24~25쪽)

2화

1. ④

⋯ 생물은 크게 동물과 식물로 나뉘고 균류, 원생생물, 원핵생물과 같은 작은 생물들이 있어, 총 5개로 구분해요. (☞36~37쪽)

2. 척추, 척추동물, 무척추동물

⋯ 동물은 척추가 있느냐 없느냐에 따라 척추동물과 무척추동물로 나뉘어요. 척추동물은 몸 구조가 잘 발달되었고, 무척추동물은 단순하지요. (☞38~39쪽)

3. ①

⋯ 척추동물은 포유류, 조류, 어류, 양서류, 파충류, 5가지로 나뉘어요. (☞40쪽)

4. ③

⋯ 펭귄은 북극이 아닌, 남극에 살지요. (☞45쪽)

3화

1. ②

⋯ 석기 시대에는 돈이 없었어요. (☞58쪽)

2. 신문 기사나 자료를 조사해 보고, 다른 해결 방법은 없는지 생각해 봐요.

3. ①

⋯ 토종 가축 인정 제도는 유전 특성과 순수 혈통을 유지하며 사육하는 토종 가축을 외래종과 구별하기 위해 만든 법이에요. (☞62쪽)

4. ①-ㄷ ②-ㄱ ③-ㄴ (☞62~63쪽)

4화

1. ②, ③, ⑤

…▶ 반려동물을 버리는 것은 책임감이 없는 행동이에요. 귀여운 새끼일 때만 열심히 보살피고, 다 자란 뒤에는 관심을 갖지 않는 것도 나쁜 행동이지요. 만약 반려동물을 잃어버렸다면, 동물보호관리시스템에 들어가 보호 중인 유기견을 살펴보는 등 찾으려고 노력해야 해요. (☞74쪽)

3. ④

…▶ 인간의 보다 나은 삶을 위해 동물에게 고통을 주는 건 바람직하지 않아요. (☞79쪽)

4. ③

…▶ 동물은 가지고 노는 장난감이 아니에요. 항상 아끼고 보호해야 하지요. (☞81쪽)

5화

1. ④

…▶ 공룡은 인간이 이 세상에 나타나기 훨씬 이전에 멸종했어요. (☞92쪽)

2. ③ (☞94~95쪽)

3. 신문 기사나 관련 자료를 찾아보고, 여러 방법을 생각해 봐요.

4. 야생, 훈련

…▶ 생물 종 복원 사업은 야생 동물을 원래 살던 곳으로 보내 주는 일이에요. 그러므로 야생에서 잘 살 수 있도록 훈련을 시켜 자연으로 돌려보내야 해요. (☞98쪽)

6화

1. ④

…▶ 동물의 행동을 연구하는 학문은 동물 행동학이에요. (☞110쪽)

2. 침팬지, 제인 구달 연구소

…▶ 제인 구달은 오랫동안 침팬지를 연구했어요. 그 연구 성과를 바탕으로 제인 구달 연구소를 세웠지요. (☞115쪽)

3. ②

…▶ 진화론은 '생물은 점차 변한다(진화)'는 주장으로, 대표적인 진화론자로는 다윈이 있어요. (☞114~115쪽)

4. 각자 지구를 위해 할 수 있는 일을 생각해 봐요.

참 잘했어요.

찾아보기

ㄱ
가축 ········· 58
각인 이론 ········· 112
강장동물 ········· 41
구석기 ········· 53
구제역 ········· 59
극피동물 ········· 41

ㄷ
도도 ········· 93
동물 ········· 36, 37
동물 공연 ········· 78
〈동물 권리 선언문〉 ········· 77
동물보호관리시스템 ········· 85
동물 보호 운동 ········· 80
동물 실험 ········· 79
동물 행동학 ········· 110

ㄹ
레이첼 카슨 ········· 118

ㅁ
멸종 ········· 92
멸종 위기 동물 ········· 99
무척추동물 ········· 39

ㅂ
반려동물 ········· 16, 113
반려동물등록제 ········· 84
비늘 ········· 40

ㅅ
생물 ········· 36
생물 종 복원 사업 ········· 98
《생명의 다양성》 ········· 117
스텔러바다소 ········· 93
식물 ········· 37
신석기 ········· 54

ㅇ

안락사	12
애완동물	16
양서류	40
어류	40
에드워드 윌슨	116
연체동물	41
유기견	12

ㅈ

적색목록	97
절지동물	41
제돌이	78
제인 구달	114
조류	40
조류 독감	59
지구의 날	119

ㅊ

척추동물	38
천연기념물	99
《침묵의 봄》	119

ㅋ

콘래드 로렌츠	112

ㅌ

토종 가축 인정 제도	62

ㅍ

파충류	40
펫샵	29
편형동물	41
포유류	40

ㅎ

한살이	48
환형동물	41

143

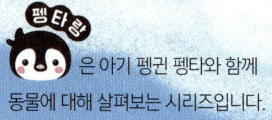
펭타랑은 아기 펭귄 펭타와 함께 동물에 대해 살펴보는 시리즈입니다.

귀여운 줄만 알았지?
아기 펭귄은 비밀이 많아!

원작 펭귄 비행기 제작소 | 감수 우에다 가즈오키 | 값 13,000원

아빠 펭귄은 두 달 동안 아무것도 먹지 않는다고?!

급하게 다이어트하면 위험!

귀염 폭발 주의!!

펭귄도 유치원에 간다고?!

펭귄이 싼 똥이 2m나 날아간다고?!
알수록 놀라운 펭귄의 비밀!

빠직빠직! 알에서 갓 태어난 펭타는 아빠의 발 위에서 생활해요. 남극은 너무 추워서 바닥에 닿으면 얼어 죽을 수 있거든요. 황제펭귄이 태어나서 어른이 될 때까지를 아기 펭귄 펭타의 귀여운 그림일기, 쉽고 재미있는 설명과 일러스트로 살펴봐!

 지학사아르볼